高等院校艺术设计类专业
“十三五”案例式规划教材

公共空间设计

主　编　朱永杰　孙铁汉
副主编　魏欣超

ART DESIGN

華中科技大學出版社
http://www.hustp.com

内 容 提 要

本书根据专业教学大纲的要求，将公共空间设计的基本理论与工程实例相结合，并融入当代公共空间的设计理念，从公共空间的概念入手，对公共空间设计的原则和设计内容等予以论述。本书包括公共空间的概论、发展、分类以及公共空间设计的原则、环境和程序等，每章安排实例分析，另设“小贴士”栏目，补充学习要点。本书可作为培养室内建筑设计师的新型教材，也可作为高校室内设计专业教材，并可作为其他艺术设计专业人员的参考用书。

图书在版编目（CIP）数据

公共空间设计 / 朱永杰，孙铁汉主编 .—武汉：华中科技大学出版社，2017.9（2021.1 重印）

高等院校艺术设计类专业“十三五”案例式规划教材

ISBN 978-7-5680-2763-2

Ⅰ. ①公… Ⅱ. ①朱… ②孙… Ⅲ. ①公共空间 - 室内装饰设计 - 高等学校 - 教材 Ⅳ. ① TU242

中国版本图书馆CIP数据核字（2017）第081371号

公共空间设计

Gonggong Kongjian Sheji

朱永杰　孙铁汉　主编

策划编辑：金　紫

责任编辑：叶向荣

封面设计：原色设计

责任校对：祝　菲

责任监印：朱　玢

出版发行：华中科技大学出版社（中国·武汉）　电话：（027）81321913

武汉市东湖新技术开发区华工科技园　邮编：430223

录　　排：华中科技大学惠友文印中心

印　　刷：湖北新华印务有限公司

开　　本：880mm × 1194mm　1/16

印　　张：9

字　　数：190 千字

版　　次：2021 年 1 月第 1 版第 3 次印刷

定　　价：58.00 元

前言

Preface

“公共空间”即是大众的公有场所，具有开放、公开、公众参与和认同等特质。公共空间设计是围绕建筑既定的空间形式，以“人”为中心，依据人的社会功能需求、审美需求设立空间主题创意，运用现代手段进行再度创造，赋予空间个性、灵性，并通过视觉艺术传达方式表达出来的物化的创作活动。本书根据目前国内公共空间设计的发展趋势，深入研究市场的发展动态，认真分析装饰企业对人才综合素质与能力的要求，立足于现代化、时尚化、人性化、环保化和多元化的现代设计理念，强调装饰行业的服务意识和工作规范，结合目前流行的技术和工艺特点，辅以大量翔实、生动的案例，以适应当前装饰行业对设计人才的需要。

公共空间设计是环境艺术设计、室内设计等专业的核心课程，学习该课程的主要目的是使学生通过系统的实践教学，在教师的指导下完成公共空间设计概念的理解、设计原则的把握、设计方法的运用、设计程序的参与、设计表现的选择等内容，为学生今后走向职业岗位打下良好的专业实践基础。公共空间设计又是一门实践性和应用性较强的学科，本书注重理论与实践的高度统一，凸显应用型人才培养特色，充分贯彻“工学结合”理念，突破常规教材的内容编排形式，彰显精品课程的教改特点，公共空间设计概念或进行公共空间设计的程序及内容在书中均有详细的论述。本书由浅入深、由简到繁，详细讲述了公共空间设计的工作流程和工作方法，扩宽学生的设计视野，激发学生的创意灵感，是培养适应当前行业要求的室内建筑设计师的新型教材，可作为普通高校室内设计专业教材，也可作为其他艺术设计专业人员的参考用书。

本书由朱永杰、孙铁汉担任主编，魏欣超担任副主编，由李正文（珠海艺术职业学院）、杨安球（珠海艺术职业学院）等参编。具体的编写分工为：第一章，第六章第一节、第二节由孙铁汉编写；第二章、第四章由朱永杰编写；第三章，第五章，第六章第三节、第四节由魏欣超编写；李正文、杨安球、王欣、钟伟婕、白泽林、鲁平、袁新怡、卢丹、鲍莹、曹洪涛、陈庆华、戈必桥、程媛媛、邓贵艳、陈伟东、付洁、高宏杰、付士苔、李恒、李建华、马一峰、刘慧芳、刘敏、刘艳芳等也参与了本书的编写和资料收集工作。

编　者

2017 年 6 月

目录

Contents

第一章

公共空间概论

学习难度：★★☆☆☆

重点概念：含义　构成　商业活动区　设计内容

章节导读

公共空间是人类社会化的产物。成功的公共空间以富有活力为特点，并处于不断自我完善和强化的进程中。要使空间变得富有活力，就必须在一个具有吸引力和安全的环境中提供人们需要的东西，公共空间设计就是最大限度地满足不同人的不同需求（见图 1-1）。本章阐明了公共空间的含义和公共空间设计的内容，公共空间与室内设计和艺术的关系，分析了公共空间的外部与内部关系及公共空间设计的意义。

图 1-1 西班牙景观设计项目

第一节 公共空间概述

公共空间的概念源于人类特有的人文环境。在这个特有的环境里，它不仅要满足个人需求，它还应满足人与人的交往及其对环境的各种要求。公共空间所面临的服务对象涉及不同层次、不同职业、不同种族的人，因此**公共空间是社会化的行为场所。**

一、公共空间含义

公共空间又称公共领域，是介于私人领域与公共权威之间的非官方领域，是各种公众聚会场所的总称。通常也指城市或城市群中，在建筑实体之间存在着的开放空间体——城市居民进行公众交往活动的开放性场所。同时，它是人类与自然进行物质、能量和信息交流的重要场所，也成为城市形象的重要表现。

广义的公共空间是指相对于私密空间以外的所有场所。从城市环境角度看，公共空间主要是指公民使用频率比较高的空间，如城市广场、步行街等场所（见图1-2、图1-3）；从哲学与社会学的角度看，公共空间等同于公共领域，是介于国家和社会之间的一种空间，公民可以在这个空间中自由参与公共事务而不受干涉；在建筑学范畴，公共空间是指有管理人员或者控制人员，在人员流动上具有不特定性的一定范围的空间，或者称不特定多人流动的特定管理空间或控制空间。

图 1-2　城市广场

图 1-3　步行街

图 1-4　上海复兴公园

图 1-5　居住区绿地

公共空间首先必须具备公共性，赫曼·赫茨伯格认为“公共和私有”的概念在空间范畴内可以用“集体的”与“个人的”两个术语来表达。公共空间有以下几个含义。①从使用角度看，属于公民集体活动的空间才真正具有公共空间的意义，如剧院空间、城市空间、居住区的门厅等，这些都不是个体拥有的空间。②从公共领域角度看，公共空间具有共同性，体现在公共空间作为城市公共生活的场所。③公共空间作为一个“空间”的概念出现，“空间”一般是指由结构和界面所围合的供人们活动、生活、工作的空的部分。空间是物质存在的客观形式，由长、宽、高的维度表现出来。正如老子的《道德经》对空间的描述：**“凿户牖以为室，当其无，有室之用。故有之以为利，无之以为用。”**文中形象地描述了空间物质性的特点。

狭义的公共空间是指那些供城市居民日常生活和社会生活公共使用的室外空间（见图 1-4、图 1-5）。它包括街道、居住区户外场地、公园、体育场地等。根据居民的生活需求，在城市公共空间，人们可以进行交通、商业交易、表演、展览、体育竞赛、运动健身、休闲、观光游览、节日集会及人际交往等各类活动。公共空间又分开放空间和专用公共空间，开放空间有街道、广场、停车场、居住区绿地、街道绿地及公园等，专用公共空间有运动场等。

城市公共空间由建筑物、道路、广场、绿地与地面环境设施等要素构成。城市公共空间一般是在城市经济与社会发展的过程中逐步建设形成。城市公共空间除有各种使用功能要求外，其数量与城市的性质、人口规模有紧密关系。城市人口越多，城市公共空间的需求量越大，功能也越复杂。

二、公共空间概念的起源

根据国内相关学者的研究，公共空间这一概念起源于古希腊。在古希腊城邦中，公共领域以公共生活空间为表象，而公共生活空间又通过公共建筑之格局而形成。考古学家以现代理念为基础，将古希腊城邦的主要公共建筑划分为三类：第一类是宗教性公共建筑，如神庙、圣殿、祭坛；第二类是城邦的市政建筑，如议事大厅、法庭、公共食堂、市政广场等；第三类是城邦社会与文化活动的场所，如体育馆、运动场、露天剧场等（见图 1-6、图 1-7）。

图 1-6　神庙

图 1-7　露天剧场

从社会功能上看，古希腊城邦公共建筑格局所形成的公共空间是向所有公民开放的。如由神庙和祭坛组成的宗教圣地，是人们参与宗教崇拜的场所。城邦的市政广场是经济和政治生活的中心，其中有最大的集市，店铺林立，人们定期从各地聚集到这里，从事买卖活动，形成早期商业建筑的雏形。同时这里又是城邦公共生活和政治生活的空间。露天剧场是进行戏剧表演和观看戏剧的地方，是一个典型的公共空间，可以理解为早期的观演建筑空间；为了使公民都能够观看戏剧表演，露天剧场的规模都很大，可以容纳上万人。体育场馆同样是城邦重要的公共空间，体育竞技是希腊人表现其竞争精神的主要形式之一，奥林匹克运动场遗址是早期的体育建筑空间（见图 1-8）。

小贴士

公共空间设计内容广泛，涉及建筑学、建筑物理学、社会学、环境心理学、人体工程学、装饰材料学等学科。公共空间设计不仅考虑舒适的物理环境、空间环境、视觉环境，还要考虑人们的心理因素和生理因素。

图 1-8　奥林匹克运动场遗址

第二节　公共空间构成规划

城市公共空间规划设计的内容很多，包括总体布局和具体设计。它与城市规划编制的各阶段有密切关系。在城市总体规划、详细规划和修建设计阶段都应当做相应的规划研究。城市公共空间的规划设计在本质上属于城市设计范畴，其目的是创造功能良好、有特色的城市空间环境。**城市公共空间的重点是城市中心、干道、广场和公共绿地。**

一、城市商业

商业活动是城市的重要功能之一。居民购买日常生活必需品，如粮食、蔬菜、食品、家用器具、衣物及杂货等，是有规律的商业活动。早在农业与手工业经济社会就存在零售和批发的集市贸易，并在城镇出现了市场、商店和商业街。唐代长安城区布置有供商业贸易集中活动的西市与东市（见图 1–9）。宋初的东京汴梁仍承袭汉唐时期的商业市场。随着商品经济的发展，到北宋后期，城镇出现商业网点和商业街。从名画《清明上河图》可看出当时的汴梁街市的繁荣景象（见图 1–10）。南宋时的临安（今杭州）的手工业、商业十分发达，各种店铺遍布全城坊巷，形成分行业集中营业的行业街市。与商业相适应的各种服务行业（如酒楼、茶馆、客栈、瓦舍、浴室等）也同步发展，成为城市的重要组成部分。

图 1–9　唐代长安西市

图 1–10　《清明上河图》

城镇出现商业区是社会经济发展的必然结果，工业生产进一步促进商业区的发展。欧洲在工业革命开始以后，城市发展迅速，出于改善城市卫生、防火安全和建筑管理的需要，出现了城市分区的思想。最早规定城市分区建设的城市是 1894 年的德国法兰克福 (Frankfurt)，将城市分为工业区、商业区、住宅区与混建区。其后在各国的城市建设和规划中也开始采用商业区的规划概念和手法。

小贴士

城市公共空间是指城市或城市群中，在建筑实体之间存在着的开放空间体，是城市居民进行公共交往，举行各种活动的开放性场所，其目的是为广大公众服务。城市公共开放空间是城市的舞台，是城市的客厅，是供城市呼吸的肺，它为城市带来了活力与色彩，它为城市生活提供了多样化的可能性，它让人们逃离了都市的喧嚣。

二、现代城市商业区的内容、分布及形式

1. 城市商业区的内容

城市商业区是各种商业活动集中的地方，以商品零售为主体，附带与它相配套的餐饮、旅游、文化及娱乐服务，也可有金融、贸易及管理行业。商业区内一般有大量商业和服务业的用房，如百货大楼、购物中心、专卖商店、银行、保险公司、证券交易所、商业办公楼、旅馆、酒楼、剧院，歌舞厅、娱乐总会等 (见图 1−11、图 1−12)。

图 1−11　商业区 (一)

图 1−12　商业区 (二)

2. 分布

商业区的分布与规模取决于居民购物与城市经济活动的需求。人口众多、居住密集的城市，商业区的规模较大。根据商业区服务的人口规模和影响范围，大、中城市可有市级与区级商业区，小城市通常只有市级商业区。在居住区及街坊附近有商业网点。

3. 形式

商业区一般分布在城市中心和分区中心的地段，靠近城市干道的地方，要有良好的交通连接，使居民可以方便地到达。商业建筑分布形式有沿街发展和占用整个街坊开发两种。现代城市商业区的规划设计，多采用两种形式的组合，成街、成坊地发展。西方国家的城市一般都有较发达的商业区，例如美国城市的闹市区，德国城市的商业区。商业区是城市居民和外来

人口进行经济活动、文化娱乐活动及日常生活最频繁集中的地方，也是最能反映城市活力、城市文化、城市建筑风貌和城市特色的地方。

三、中心商务区

中心商务区(CBD，central business district)指一个国家或大城市里主要进行商务活动的地区。在概念上与商业区有所区别，中心商务区是指城市中商务活动集中的地区。其概念最早产生于1923年的美国，当时定义为“商业会聚之处”。随后，CBD的内容不断发展，成为一个城市、一个区域乃至一个国家的经济发展中枢。一般而言，CBD位于城市中心，高度集中了城市的经济、科技和文化力量。作为城市的核心，应具备金融、贸易、服务、展览、咨询等多种功能，并配以完善的市政交通与通信条件。它为城市提供了大量就业岗位和就业场所。

根据中国社科院和中国商务区联盟联合发布的蓝皮书显示，我国三大国家级中心商务区为**北京商务中心区、上海陆家嘴金融贸易区、广州天河中央商务区**(见图1-13～图1-15)。目前，这三大国家级中心商务区发展势头良好，区域影响力不断提升，正在逐渐向洲际中心商务区演进。

中心商务区一般位于城市在历史上成形的城市中心地段，并经过商业贸易与经济高度发展阶段才能够形成。例如上海，自鸦片战争后辟为港口商埠，经过一百年，

图1-13　北京商务中心区

图 1-14　上海陆家嘴金融贸易区

图 1-15　广州天河中央商务区

发展到 20 世纪 40 年代，黄浦江西侧外滩地区才形成上海市的中心商务区。随后，由于上海市商贸、金融功能的衰退，中心商务功能也随之消亡。1988 年，国务院决定开放、开发浦东新区，在陆家嘴发展金融中心并进行浦西黄浦区再开发，是振兴上海市经济和重建上海中心商务区的重要决策与措施。

在中心商务区的建设上，国内一般采取了两种途径，一种是对城市原来的商业街区加以改造和扩建，如沈阳的沈河区等；另一种途径就是择地新建，如上海的陆家嘴、成都的大源、南昌的红谷滩、郑州的郑东新区。两种方式各有千秋，至于到底选择哪种，则主要根据当地建设过程中的投入产出比加以确定。深圳的福田中心商务区、广州的天河中心商务区、北京的朝阳中心商务区、上海的陆家嘴中心商务区规模已经很大了。

中心商务区是市场经济条件下城市发展过程中的必然产物，一方面它是一个国际大都会必不可少的标志，另一方面说明，我国城市的现代化进程正逐渐加快，城市经济实力得到了一个质的提高，城市建设和经济发展后劲十足（见表 1–1）。

表 1–1　世界各大著名商务区一览表

亚　洲	上海：陆家嘴	北京：北京商务中心区	广州：珠江新城
	深圳：深圳中心区	香港：中环	天津：于家堡 CBD
	重庆：江北嘴 CBD，解放碑 CBD	南京：河西 CBD	杭州：钱江新城 CBD
	成都：成都商务中心区	南昌：红谷滩中央商务区	武汉：王家墩中央商务区
	沈阳：沈阳金融商贸开发区	宁波：宁波南部商务区	大连：东港 CBD
	哈尔滨：长江路 CBD	海口：大英山中央商务区	苏州：环金鸡湖 CBD
	长沙：长沙芙蓉中央商务区	无锡：无锡中央商务区	佛山：佛山 CBD
	青岛：青岛中央商务区	东莞：南城国际商务区	济南：济南中央商务区
	台北：信义计划区	东京：银座、丸之内	新加坡：乌节路
	首尔：中区		
欧　洲	伦敦：金融城	巴黎：拉德芳斯	
北美洲	纽约：曼哈顿中城	洛杉矶：Downtown	芝加哥：环部
大洋洲	悉尼：悉尼商业中心区		

第三节　公共空间设计内容

公共空间在城市生活中处于比较重要的位置，因而公共空间设计是一项**社会性、艺术性、技术性、综合性**很强的设计工作。公共空间不同于人居空间，公共空间包含外部空间、过渡空间和内部空间三大内容。

公共空间的设计工作主要涉及以下几个方面。

1. 平面布局和功能关系分析

公共空间的设计师要对原有建筑设计意图充分理解，对建筑的总体布局、功能分析、人的流动方向以及结构体系等有深入的了解，在具体设计时对室内空间和平面布置予以调整、完善以满足使用需求。

2. 空间组织和再创造

由于现代生活的节奏加快，建筑功能发展或变换，需要对室内空间进行改造或重新组织。这在当前对各类公共建筑物的更新改建任务中是最为常见的。

3. 空间艺术陈设和绿化

空间陈设、绿化等公共空间设计的内

容，相对地可以脱离界面布置于室内空间。在室内环境中，实用和观赏的作用都较为突出，通常这类物体都处于视觉中显著的位置。陈设、灯具、绿化等对烘托室内环境气氛，形成室内设计风格等方面起到了举足轻重的作用。室内绿化在现代室内设计中具有不能代替的特殊作用。室内绿化具有改善室内小气候和吸附粉尘的功能，室内绿化使室内环境生机勃勃，带来自然气息，令人赏心悦目，并且起到柔化室内人工环境、调节人们心理平衡的作用（见图 1-16、图 1-17）。

图 1-16　公共空间绿化

图 1-17　办公公共空间陈设和灯光

4. 空间装饰艺术设计

公共空间应具有造型优美的空间构成和界面处理，宜人的光、色和材质配置，符合建筑物风格的环境气氛，以满足人们对室内环境的精神功能的需要。

5. 构造工艺

由设计、设想变成现实，必须动用可供选用的地面、墙面、顶棚等各个界面的装饰材料，采用可行的构造工艺。这些要求必须在设计开始时就考虑到，以保证设计图的顺利实施。

6. 协调相关专业要求

随着社会生活的发展和科学技术的进步，室内环境设计有许多新的内容。对于设计师来说，虽然不可能对所有涉及的内容全部掌握，但是根据不同功能的室内空间设计，应尽可能熟悉相关的基本内容，了解与室内空间设计项目关系密切、影响最大的环境因素。设计师要主动地、自觉地考虑诸项因素，与相关专业人员相互协调、密切配合，有效地提高室内空间环境设计的内在质量。

7. 空间人工环境

公共空间应具有合理的室内空间组织和平面布局，提供符合人们使用要求的室内声、光、热效应，以满足室内环境物质功能的需要。公共空间还应具有造型优美的空间装饰艺术设计，以满足室内环境精神功能的需要。以上两者共同组成舒适的人工环境（见图 1-18）。

随着科学技术的不断进步，在“绿色设计”“人性化”等现代理念的引导下，公共空间设计应用现代设计方法和技术手

图 1-18　暖黄色的光和家具搭配

段，将实用功能与美学需求高度统一，力争创造出适宜人类生存、交流、发展的公共空间环境。同时，不同的公共空间要能反映出不同的个性特色，以满足和表现不同个体和群体的特殊精神品质和性格内涵，使人们在有限的空间里获得无限的精神感受。

第四节　现代公共空间设计概要

现代公共建筑的设计思潮与设计实践活动一直影响着现代公共空间设计的发展，如 19 世纪末的工业革命形成的工艺美术运动、新艺术运动，20 世纪的现代主义和后现代主义运动，21 世纪信息化社会设计语言多元化、国际化的趋势。

一、国际派

国际派建筑思潮产生于 19 世纪后期，是 20 世纪中叶在西方建筑界居主导地位的一种建筑思潮。这种建筑思潮的代表人物主张建筑师摆脱传统建筑形式的束缚，大胆创造适应于工业化社会的建筑，具有鲜明的**理性主义和激进主义**的色彩，又称为现代派建筑。

现代的室内设计特征主要体现在以下几个方面。①室内空间开敞，内外通透，结合周围环境创造出新的空间形式，称为流动的空间。②建筑平面设计自由，不受承重墙限制，界面及室内内含物设计以简洁的造型、纯洁的质地、精细的工艺为其主要特征。③空间无多余的装饰，任何复杂的、没有实用价值的特殊设计都会增加建筑造价，强调形式服从于功能。④建筑及室内部件尽可能使用标准部件，门窗尺寸根据模数制系统设计，室内选用不同的工业产品家具和日用品（见图 1-19、图 1-20）。

图 1-19　柏林国家美术馆新馆

图 1-20　柏林国家美术馆木石展

国际派建筑风格伴随实用主义、理性主义以及乌托邦主义的成分而形成。代表人物为勒·柯布西耶、密斯·凡德罗、格罗皮乌斯等。勒·柯布西耶强调建筑是居住的机器；密斯·凡德罗提出“少就是多”的设计观点；格罗皮乌斯的设计思想具有民主色彩和社会主义特征，设计采用钢筋混凝土、玻璃、钢材等现代材料，其目的是为人们提供大众化的建筑。

二、高技派

高技派的第一个发展阶段是在 20 世纪 50 年代末至 70 年代。高技派在建筑设计、室内设计中采用**高度工业化**的新技术，这一时期高技派的设计作品特征体现为：①内部构造外部化，结构构造都暴露在外，强调工业技术特征；②设备和传送装置做透明处理，如对电梯、自动扶梯的运行状况一目了然；③空间结构常常使用高强度钢材和硬铝、塑料、各种化学制品作为建筑物的结构材料，着意表现建筑框架；④设计中强调系统设计和参数设计；⑤着力反映工业成就。其表现手法多种多样，强调对人有悦目效果的、反映当代最新工业技术的“机械美”，宣传未来主义。

这一时期的代表作有巴黎的蓬皮杜国家艺术与文化中心和香港汇丰银行的室内设计。20 世纪 80 年代后，随着科学技术的不断进步，对于生态环境的关注是新一代高技派建筑思想中最强有力的核心内容。而这一方面也正是高技派的专长。建筑师利用先进的结构（如大跨度巨型结构）和设备（如 PV 光电板），材料（如透明绝热材料）和工艺（如自动化建筑系统），结合不同地区特殊气候条件，因地制宜，努力创造理想的人工建筑环境。

值得一提的是，高技派对于建筑微气候的关注具体归结为三方面：一是适宜的室内温度和湿度（满足人体热舒适及健康的要求）；二是尽可能多地获得自然采光（减少人工照明的能耗）；三是最大限度地获得自然通风（减少空调能耗）。因此，通过高效的人工技术手段来实现以上目标或达到各要素之间的平衡，就成为高技派设计师不懈追求的方向。柏林国会大厦改建工程是这一时期的代表作(见图 1-21、图 1-22)。

图 1-21 柏林国会大厦外观

图 1-22 柏林国会大厦内部

三、光洁派

光洁派是晚期现代主义极少主义派演化的一种设计流派。光洁派的空间构成采用几何形体来塑造，具有**雕塑感**。室内公共空间具有明晰的轮廓，功能上实用、舒适。在简洁明快的空间里运用现代材料和现代加工技术的高精度的装修和家具传递着时代精神。

光洁派的室内设计特征为：①空间和光线是光洁派室内设计的重要因素，因此侧界面和顶界面多采用透光性强的玻璃作为界面材料，与室外环境保持通透，内部空间有流通性和开敞性。②室内梁、板、柱、窗、门、柜等以几何元素构成为主。③室内也较多地使用玻璃、不锈钢、镜面花岗石等硬质光亮材料。④室内没有多余的家具，每一件家具均选用色彩鲜亮、造型独特的工业化产品。⑤少数单体家具安放在特定位置，起着室内雕塑陈设的作用。⑥室内陈设多采用现代派绘画作品或其他现代派艺术品。⑦室内绿化常选用盆栽观叶植物，为室内增添情趣(见图 1-23、图 1-24)。

图 1-23 光洁派的透光性界面

图 1-24 光洁派的室内家具

光洁派的室内公共空间设计给人以清新、整洁的印象，由于装修及家具上没有烦琐的细部装饰，因此便于加工制作，也便于使用过程中的清洁、维护工作。这一室内设计流派是工业化生产发展的产物，对公共空间设计具有深远的影响。

四、后现代主义派

一般认为，真正给后现代主义提出完整指导思想的是美国建筑师文丘里。1966年，文丘里在《建筑的复杂性和矛盾性》一书中，提出了一套与现代主义建筑针锋相对的建筑理论和主张。文丘里批评现代主义建筑师热衷于革新而忘了自己应是“保持传统的专家”。文丘里提出的保持传统的做法是“利用传统部件和适当引进新的部件组成独特的总体”“通过非传统的方法组合传统部位”。**他主张汲取民间建筑的手法，特别赞赏美国商业街道上自发形成的建筑环境。**文丘里概括地说：“对艺术家来说，创新可能就意味着从旧的现存的东西中挑挑拣拣。”文丘里的这种观点称为后现代主义建筑师的基本创作方法。

图 1-25　后现代主义室内家居

图 1-26　后现代主义餐厅空间布置

对于后现代主义建筑，学术界有着不同的理解。一是在后现代主义与现代主义的关系问题上理解不同，有一部分学者认为二者截然不同，还有一部分学者则认为后现代主义仅仅是现代主义的一个阶段，多数学者认为后现代主义与现代主义既有区别又有联系，后现代主义包含着现代主义的继续与超越。二是在风格上，M·科勒认为后现代主义并非一种稳定的风格，而是旨在超越现代主义所进行的一系列尝试，在某种情境中这意味着复活那些被现代主义摒弃的艺术风格，而在另一种情境中后现代主义又意味着反叛现代艺术风格（见图 1-25、图 1-26）。

在建筑设计领域，现代主义与后现代主义具有很大差别。首先，后现代主义反对纯理性的现代主义，厌倦终日面对冷漠、呆板的设计，后现代主义表达了人们对于具有人性化、人情味空间形式的需求。其次，现代主义与后现代主义在风格上更是两个极端，前者遵循形式的多元化、模糊化、不规则化，非此非彼、亦此亦彼，此中有彼、彼中有此的双重译码，强调历史文脉、意象及隐喻主义，推崇高技术、高情感，强调以人为本；后现代主义遵循功能决定形式“少就是多”“无用的装饰就是犯罪”的设计思想，强调对技术的崇拜，功能的合理性与逻辑性。

后现代主义建筑具有以下特征：①强调建筑的精神功能，注重设计形式的变化；②后现代主义建筑强调历史文化，即所谓“文脉主义”；③后现代主义建筑语言具备“隐喻”“象征”和“多义”的特点，表现在建筑造型与装饰上的娱乐性和处理装饰细节上的含糊性。

五、结构主义派

20 世纪 60 年代，西方流行的结构主义派认为**“结构”是一种关系的规定**。清华大学建筑学院薛恩伦教授认为，“结构”具有整体性、转换性和自调性，结构关系可以划分为表层结构与深层结构，表层结构研究外部现象，深层结构研究现象的内在联系，可以通过对模式的研究探讨事物的深层结构。结构主义把“结构”的关系看作是一种互相依赖的稳定的关系。结构主义作为一种研究方法，其影响遍及人文科学和自然科学的各个领域，同样也影响到建筑空间设计。

建筑空间是以一个正方形的基本结构作为一种有秩序的延展，采用正方形空间单元作为首要基本原则。正方形空间单元既作为一个基本固定的永久性区域，以及一个可以变化的和具有明确用途的区域；又作为一个永久性结构，以及沿建筑物的周边以小塔楼的形式作为规则的间隔（见图 1-27）。正是这种具有明确用途的区域，可以满足各种变化的功能需要。

正方形空间单元内部可以根据使用需求灵活布置，从而产生了各种各样的组合的效果。正方形的基本结构内，工作人员可以自行安排各种模数制的构件，包括桌、椅、柜、床、照明罩及办公设备等，作为个人或小组的工作空间（见图 1-28）。在个人或小组的工作空间中，人们可以根据自己的爱好安排绿化和陈设品，使工作空间极具个性化。

图 1-27　结构主义——荷兰建筑

图 1-28　结构主义——小空间

小贴士

谷克多博物馆由大量完全相同的体量单元组合而成，这些体量单元共同构成建筑的基本形体。它们的尺寸、形式和空间组织相同，因此具有了功能可变性与互换性（见图 1-29）。

图 1-29　谷克多博物馆外

图 1-30　解构主义——公共空间

六、解构主义

解构主义设计思想源于 20 世纪 60 年代，其代表人物是法国哲学家雅克·德里达。他从文字语言学的角度对结构主义哲学进行了批判。德里达的哲学理论不仅影响西方哲学和语言界，还影响了艺术和设计界。不少西方设计师深受德里达解构主义哲学的影响，并将其运用到设计实践中去。

解构主义的设计首先强调**对结构的变革**，重视“异质”的作用，这种设计方法在解构主义派的室内设计和建筑设计作品中都有充分表现。其次，解构主义的设计作品具有极强的多义性与模糊性。所谓多义性，是指事物呈现边界不清晰和性质不确定的发展趋向。模糊性，则是指艺术作品含义与构成的不清晰、不确定的发展状态（见图 1-30、图 1-31）。虽然解构主义强调反传统、颠倒事物原有的主从关系等，但主要还是手法、技巧的变更，在建筑空间艺术方面仍然离不开统一、均衡的传统美学规律，在功能、经济方面也受到客观条件的制约。

图 1-31　解构主义——室内空间

第五节　案例分析

下面以常见的公共空间——量贩式 KTV 大楼为例进行分析。该项目整个公共区域的设计的主色调为黑、白、灰三色，加之灯光的应用，营造出灵动、活泼的环境氛围。透光石、玻璃珠、大面积银白龙的地面空间又为整体设计环境增添了无限梦幻。走廊中的不规则造型灯光设计变幻多端，互动体验的设计初衷更是对品牌推广有着无形的助推作用。在设计上摒弃了昏暗、妖娆的环境氛围特点，突破性地采用新的设计手法和材料进行空间创意，吸引充满活力与朝气的年轻人（见图 1-32 ~ 图 1-39）。

图 1-32　大堂

图 1-33　大堂休憩空间

图 1-34　包间

图 1-35　中式风格包间（一）

图 1-36　中式风格包间（二）

图 1-37　简约风格包间

图 1-38　欧式风格包间

图 1-39　地中海风格包间

本／章／小／结

本章介绍了公共空间的含义，对公共空间的构成规则、设计内容及设计概要进行了阐释。在实际应用中，要立足于现代化、时尚化、人性化、环保化和多元化的现代设计理念，结合目前流行的设计思潮、工艺特点及设计实践活动，以适应现代信息化社会设计语言的多元化、国际化趋势，适应当前装饰行业对设计人才的需要。

思考与练习

1. 公共空间指哪些范围？

2. 城市商业区在城市公共空间有什么地位？

3. 现代公共建筑主要分为哪些派别？它们之间有什么不同？

4. 后现代主义的建筑设计有什么特征？

5. 找一处身边的建筑设计案例，试分析属于什么派别。

The Hotel Book

第二章

公共空间的发展和分类

学习难度：★★☆☆☆

重点概念：发展历史　趋势　分类

章节导读

公共空间的发展与演变总是带有时代的烙印。人类社会由低级向高级发展，从最初原始洞穴发展到今天的城市建筑，演变的过程中出现了很多类型的公共空间。本章以时间为线索，分别介绍国内外公共空间的发展历史，并分析其现状以及发展趋势。这些公共空间主要分为室内公共空间和室外公共空间两部分。而公共空间设计又分为居住公共空间设计和广义的公共空间设计两部分，本章主要介绍广义的公共空间设计（见图2-1）。

图 2-1　美国的商业区

第一节　国内外公共空间的发展

一、国内公共空间的发展

在人类建筑活动的初始阶段，人们就已经开始对**“使用和氛围”“物质和精神”**两方面功能同时给予关注(见图 2-2、图 2-3)。商朝的宫室，从出土的遗址显示，建筑空间井然有序，严谨规正，宫室里装饰着彩木料，雕饰白石，柱下置有云雷纹的铜盘。秦时的阿房宫和西汉的未央宫，虽然宫室建筑已荡然无存，但从文献的记载上，从出土的瓦当、器皿等实物，以及从墓室石刻精美的窗棂、栏杆的装饰纹样来看，当时的室内装饰已经相当精细和华丽。

图 2-2　半坡村遗址

图 2-3　祠堂

古代中国一直都受到儒家礼制思想的影响，其中《周礼》对中国古代城市的影响最为深远。这部讲述官僚架构的政治著作对城市布局起到了重要的作用。等级制与王权礼制架构出中国古代最典型的城市形态，即严格遵循社会等级体系的布局，军事防御与社会管制功能大大高于商业和社会交往功能，由此形成了城市的内向型发展。到了隋唐，严格的道路等级体系和里坊制度均体现了统治阶级强烈的等级与控制的意识形态。市民生活被控制在里坊内，城市道路只为帝王和军队服务。城市没有真正意义上的公共空间，所谓公共空间是相对的，例如宫城内皇帝举行统治活动的宫廷广场，或是因宗教、贸易、文化等需要而产生的寺庙集市广场。它们均服务于部分群体，没有公共性和开放性。只有作为中国古代城市商业活动灵魂的“市”才能承担部分城市公共空间的职能。为了使封建君主通过控制达到专制，公共空间的发展在中国古代城市是被完全控制的。

到了唐末，里坊制才逐渐被打破，产生了中国古代城市公共空间的主要形式——街市。在宋东京汴梁，里坊内部的集市，嫁娶等风俗活动被搬到了坊墙之外，市民在街道两边做起了买卖，中国传统的戏曲在街市中的瓦舍勾栏内得到了发展，所有的世俗生活蜂拥至街道上，街市的繁荣与隋唐之前的封闭压抑的生活氛围大相径庭（见图 2–4、图 2–5）。世俗的力量，突破了早期城市自上而下的管理机制。街市在宋代得到了发展和飞跃，人们在街市内能进行最有效的人际交往。由于受儒家

图 2–4　唐代街市复原图

图 2–5　宋代街市

思想影响，这种公共空间在城市只是处于从属地位。中国古代城市的公共空间，有以下特点：①以线性的延伸空间为主，街市为主要形式；②动态的交往空间；③公共活动以世俗生活为主；④是一种自下而上的城市自我发展过程；⑤城市公共空间的产生是满足一般市民的需要，并不体现统治阶级的意志。

清代名人李渔对我国传统建筑室内设

计的构思立意有着极为独到的见解。在其专著《一家言居室器玩部》的居室篇中有论述：“盖居室之制，贵精不贵丽，贵新奇大雅，不贵纤巧烂漫”；“窗棂以明透为先；栏杆以玲珑为主，然此皆属第二义，其首重者，止在一字之坚，坚而后论工拙。”我国各类民居，如北京的四合院，四川的山地住宅，云南的“一颗印”，傣族的干栏式住宅以及上海的里弄，在建筑装饰的设计与制作等许多方面，都有可供我们借鉴的内容（见图 2-6、图 2-7）。

图 2-6　北京四合院

图 2-7　上海里弄

二、国外公共空间的发展

公元前古埃及贵族府邸的遗址中，抹灰墙上绘有彩色竖直条纹，地上铺有草编织物，其上摆放各类家具和生活用品。古埃及的阿蒙神庙，庙前雕塑及庙内石柱的装饰纹样均极为精美，神庙大柱厅内硕大的石柱群和极为压抑的厅内空间，正符合古埃及神庙所需的森严神秘的室内氛围，也是神庙**精神功能所需要的**（见图 2-8、图 2-9）。

图 2-8　阿蒙神庙（一）

图 2-9　阿蒙神庙（二）

古希腊建筑的公共空间源于市民**公共活动的需求**，公共活动的需要是公共建筑物大量兴建的重要原因。现存的建筑物遗址，如露天剧场、竞技场、市政广场等都反映了古希腊人的文化。露天剧场是进行戏剧表演和观看戏剧的地方，戏剧于公元前 6 世纪出现于雅典，而后迅速传遍整个世界。到古典建筑兴起时代，露天剧场已经成为城邦的标志性建筑之一。作为戏剧表演和观看戏剧的场所，露天剧场是一个典型的公共空间，体育场同样是城邦重要的公共生活空间（见图 2-10、图 2-11），正如布克哈特所说，竞争精神是古希腊人最重要的精神，而体育竞技则是古希腊人表现其竞争精神的最主要形式之一。除了奥林匹克运动会、庇底亚运动会、地峡运动会和尼米亚运动会这四大泛希腊运动会之外，每个古希腊城邦都有自己的运动会。市政广场是古希腊城邦经济和政治生活的中心，也是最大的集市，店铺林立。人们定期从各地聚集到这里从事买卖，同时这里又是市政建筑集中的地方，是城邦公共生活和政治生活的中心。

图 2-10　体育场

图 2-11　奥林匹亚体育场

古罗马在统一小亚细亚半岛与对外侵略中聚集了大量劳动力、财富与自然资源，为以后在公共建筑等方面进行大规模的建设奠定了基础。古罗马在征服古希腊后，由于无法抗拒被征服国的文化魅力，承袭了大量的古希腊与小亚细亚的文化和生活方式。于是在古希腊原有的公共建筑之外，古罗马又发展了角斗场，同时古希腊建筑在建筑技艺上的精益求精与古典柱式也对古罗马有很深的影响。罗马大角斗场是古罗马节日表演角斗中不可缺少的场所，公元前 80 年左右，古罗马创建了用两个半圆形剧场相对而合成的圆形角斗场以供这种活动之用（见图 2-12、图 2-13)。

图 2-12　罗马角斗场（一）

图 2-13　罗马角斗场（二）

罗马大角斗场是所有椭圆形角斗场中的最大者，长轴为 188m，短轴为 156m，高达 57m，整个角斗场占地约为 20000m^2，可容纳 5 万 ~ 8 万名观众。角斗场中央是用于角斗的区域，长轴 86 米，短轴 54 米，周围有一道高墙与观众席隔开，以保护观众的安全。在角斗区四周是观众席，为逐级升高的台阶，共有 60 排座位，按等级尊卑、地位差别分为几个区。

罗马角斗场的材料用大理石以及几种岩石建成，墙用砖块、混凝土和金属构架固定。部位不同，用料也不同，柱子、墙身全部采用大理石垒砌，十分坚固。历经 2000 年的风霜，角斗场残留建筑的宏伟壮观，让人们为往日的辉煌成就啧啧称奇。

古罗马建筑在材料、结构、施工与空间的创造等方面均有很大的成就。在空间创造方面，重视空间的层次、形体与组合，并使之达到宏伟的富有纪念性的效果；在结构方面，古罗马人在伊特鲁里亚和古希腊的基础上发展了综合东、西方的梁柱与拱券结合的体系。

小贴士

罗马万神庙是古罗马宗教膜拜诸神的庙宇，曾是现代结构出现以前世界上跨度最大的大空间建筑物，罗马万神庙建在城市广场边，采用前廊式。万神庙坐南朝北，集罗马穹窿和希腊式门廊为一体。万神庙门廊正面有八根科林斯式柱子，高 14.15m，底直径 1.51m，柱头为白色大理石，柱身为红色花岗岩。其山花与柱式比例属罗马式，圆形正殿部分是神庙的精华。其直径与高度均为 43.43m，上覆穹窿。穹窿底部厚度与墙相同，为 6.2m，向上则渐薄。穹顶中央处开设有一直径为 8.23m 的圆洞，供采光之用（见图 2-14）。

在中世纪，所有的生活内容均被宗教所侵蚀。广场与教堂或者市政厅相结合成为当时特点鲜明的城市公共空间，并且广场的有序化程度更高，出现了广场群，广场在人们生活中地位越来越高（见图 2-15、图 2-16）。而从中世纪早期广场中教堂的统治地位，到后期佛罗伦萨的西格诺利亚广场边上高耸入云的市政厅的塔楼，这就是宗教的力量。

图 2-14　罗马万神庙

图 2-15　佛罗伦萨市政厅广场

图 2-16　佛罗伦萨图拉真广场

在文艺复兴时期，人又重新回到了城市的中心。广场与市民的联系变得更加紧密，并且被更多的公共建筑所包围，重回古希腊时期广场的公共性、开放性与自由性。威尼斯的圣马可广场就是自由开放的广场，它充满了人文关怀和人道主义理念，包含各种艺术，堪称文艺复兴时期广场建筑美学的经典代表(见图 2-17)。广场平面呈 L 形，由大小两个广场组成。周边建筑宏伟，错落有致(见图 2-18)。

图 2-17　圣马可广场

反观整个西方公共空间的发展，在不同的历史阶段，由于整个社会环境、政治体制、文化机制、宗教信仰的不同而各具特色。但是它们均能体现西方公共空间的特点：①以面状的开敞空间为主，广场为主要形式；②静态的交往空间，公共活动以宗教、集会活动为主；③经有组织的设计而完成；④能充分反映出某个时期统治阶级与市民之间的关系，是统治阶级意志的体现。

第二节　公共空间的发展趋势

人的活动是空间产生的源泉，空间品质对人产生影响，公共空间发展的动力主要来自人类自身的发展，人的因素构成了公共空间形成与演化的动力。现代城市在发展的过程中，不断遇到新的城市问题，如人口向城市集中、资源匮乏、环境恶化、交通拥挤等。同时人们对公共空间也不断提出新的要求，现代公共空间也不断发展来适应新的环境问题和城市要求。

一、公共空间的大众化

城市公共空间的设计从来都是应该坚持“以人为本”的原则。当然，在**不同的社会阶段，人的主体是不一样的**。在等级社会中，整个城市公共空间都是具有等级秩序的。明清北京中轴线广场虽然气势恢宏(见图 2-19)，庄严华丽，但基本上是为显示出帝王至高无上的权势，仅有少数权势阶层才能享用。

图 2-18　广场周边建筑

图 2-19　故宫

而现代社会是一个强调平等秩序的民主社会。在这个社会中，中心和等级秩序弱化。对于普通人生活状况的关注，是对于当代城市公共空间人文精神的新的诠释，表达权利和中心的象征性空间在城市中的重要性逐渐减弱，表达世俗生活(如休闲、交往)的城市公共空间成为当代城市设计的发展趋势(见图 1-20)。

图 2-20　大众化的公共空间

当代城市公共空间的大众化主要表现在两个方面。①对人的心理感受、社会交往、人与空间的关系进行深入的研究，以促进使用者对城市公共空间的认可和使用。②现代学科的介入，如环境心理学、环境行为学、社会学、文化人类学等，以及建筑规划理论的发展，使得人们对于自身、对于社会、对于空间有了许多新的认识和发现。同时，它们也都对城市公共空间的发展有着深刻的影响。具体表现在：打破功能分区的概念，提倡城市功能的混合与丰富；关注个人的经验、感受、认知，注重小尺度和生活的要素，消除人与环境的距离感；重视传统、重视历史，从人们的记忆中提取要素；强调城市公共空间的社会交往作用，重视步行城市公共空间的建设(见图 2-21、图 2-22)。

图 2-21　上海新天地太平桥公园

图 2-22　太平桥公园

二、公共空间的生态化

城市规模的扩大、建筑物的增加、人口的膨胀以及交通的拥挤等，使得城市环境质量下降，同时，也引发了其他生态问题。随着人们环境意识的增强，人们越来越向往“绿色”的城市，城市公共空间的**生态化、绿色化**也成为发展的必然趋势。

城市公共空间的一个重要内容就是体现设计结合自然环境。环境建设应体现地方特色和结合当地的气候、材料与能源，保护生态环境。城市公共空间的生态化包含两方面的意义：①在城市公共空间建设实践中，对自然环境加以利用，或者在城市公共空间中引入自然景观要素，来改善城市公共空间的生态环境和形态环境。②在城市公共空间建设实践中，采用技术手段来保护生态环境，降低城市公共空间在建设过程与使用过程中的能源消耗。很多时候这两种方法是同时使用的。

在城市公共空间中，生态要素已经越来越被重视与强调，植被、绿化、水景、江河湖海都已经被引入广场、街道以及滨水公共空间中。由于水体本身就是自然环境的一种，人们已经逐渐重视滨水公共空间。在现代城市滨水公共空间设计中，生态与绿化已经被大量引入，同时成为景观设计的主要表现因素（见图 2-23、图 2-24)。

图 2-23　上海陆家嘴滨江绿地

图 2-24　上海陆家嘴绿地广场

同时城市公共空间的生态化的另一个趋势是，城市绿化随着城市公共空间的发展，变得更加网络化、系统化。城市绿化结合城市公共空间，以多元化的方式出现于城市中，这种趋势变化可以提高城市绿色的生态效能，将城市公共空间和自然保护相结合，优化城市景观格局，使人在连续的自然景观和人工与自然的相互渗透中受益。

城市公共空间的形态环境可以更多地依据自身规律，强调自然的过程与特点，通过人造自然景观和天然景观的连接，形成多样、高效、和城市自然景观产生良性互动的关系。将城市中的河流、森林、湖泊、城市公园及其他孤立的生态系统连接成绿色网络，建立生态回廊。网络多元化的生态的城市公共空间不仅是人类的公园，也是昆虫、鸟类等动物种类自由迁移的绿色回廊。

三、公共空间的立体化

因地制宜地发展立体化城市公共空间是城市发展的必然趋势。因为它已经被证明是克服交通矛盾、提高土地使用率、解决人车分流、改善城市环境的一种有效途径。立体化开发，意味着在**水平**和**垂直**两个方向上发展。在垂直方向上又包括**高空**和**地下**空间两个方面。国外又将空间立体化发展称为三维化发展。

现代技术革命使城市公共空间立体化发展成为可能，而社会经济发展水平是影响城市公共空间立体化发展的根本原因。自 20 世纪 50 年代—60 年代以来，欧美等发达国家在城市中心区的再开发过程中，以城市公共空间、立体化发展为指导思想，对城市中心商业区、广场、地下商业街进行了新建和改造。城市各种综合性公共建筑中也出现了日益综合的、立体化的公共空间，甚至把这些立体化公共空间形成网格，连通周围地区的商业办公区、旅馆、餐饮娱乐区、地铁及停车场，形成了步行空间网络，在这一方面，日本地下街的发展处于世界领先水平（见图2-25）。近几年，我国也越来越重视城市公共空间的立体化，尤其在地下公共空间的发展上。北京、上海等城市的主要地铁交通枢纽，如上海的人民广场、徐家汇等，都通过地下街道把地铁站附近的各个建筑连通起来。

图 2-25　日本地下街

此外，许多的城市广场也都采用立体化的方法解决实际功能性问题和形态环境的问题。如上海的静安寺下沉广场就利用下沉的立体化手法（见图 2-26），解决了地铁站通道、广场入口以及广场之间的矛盾。同时，设计师还为未来周边能出现的建筑留下了地下通道。

立体化的城市公共空间迅速改变了城市公共空间的特征，城市公共空间从平面网络转向多层次的立体网络，公共空间的流动性和开放性得到了很大的发展。立体化给创造城市公共空间带来了新的挑战，今天的城市公共空间需要更多地与现代城市交通相结合，也为城市公共空间形态环境的发展提供了新的机遇。

图 2-26　静安寺广场

小贴士

在现实的空间成为公家空间、公用空间，唯独没有成为公共空间的时候，从论坛到博客再到邮件组，直至今天的豆瓣、饭否和 Twitter，虚拟的公共空间开始出现（见图 2-27、图 2-28）。网络上的互动极其活跃，而且还推动了现实中公共空间的成长。各种网友聚会打破了年龄、职业和地域的界限，更多的是精神认同，而非外在的身份认同。

图 2-27　微博

图 2-28　豆瓣小组

第三节　公共空间的分类

公共空间是人们进行社会活动不可缺少的环境和场所，其涵盖的社会内容是最丰富的，所包括的空间类型也是最多的，因此我们可以从建筑空间、室内设计和空间规模这几方面对其进行分类。

按照建筑空间分类，公共空间通常可以分为如下几种类型：商业建筑空间、旅游建筑空间、文教建筑空间、办公建筑空间、体育建筑空间、医疗建筑空间、交通建筑空间、邮电建筑空间、展览建筑空间、纪念建筑空间（见图 2-29、图 2-30）。

按照室内设计分类，公共空间可以分为限定性公共空间及非限定性公共空间。限定性公共空间主要是指学校、幼儿园、办公楼以及教堂等建筑物的内部空间；非限定性公共空间主要是指旅馆饭店、娱乐空间、展览空间、图书馆、体育馆、火车站、航站楼、商店以及综合商业设施（见图 2-31、图 2-32）。

按照空间规模分类，公共空间又可以分为大型公共空间、中型公共空间、小型公共空间。大型公共空间如体育馆观众厅、大礼堂、大餐厅、大型商场、营业大厅、大型舞厅等，空间开放性强，空间尺度大。中型公共空间如办公室、研究室、教室、实验室等，这类空间首先要满足个人空间的行为要求，再满足与其相关的公共事务行为的要求。中型空间最典型的例子就是办公室，为了提高工作效率，这类空间正在向大型空间发展，出现了所谓庭院式办公空间。小型公共空间如客房、经理室、

图 2-29　幼儿园室内空间

图 2-30　万佛园

图 2-31　教堂内部

图 2-32　图书馆

图 2-33　人民大会堂

档案室、资料库等，这类空间有较强的封闭性(见图 2-33、图 2-34)。

由于公共空间使用功能的性质和特点不同，各类建筑物的室内设计对文化艺术和工艺过程等方面的要求也各有侧重。例如，纪念性建筑物和宗教建筑物等有特殊功能要求的主厅，对纪念性、艺术性、文化内涵等精神功能的设计方面的要求就比较突出。而工业、农业等生产性建筑物的车间和用房，对生产工艺流程以及室内物理环境(如温度、湿度、光照、设施、设备等)等方面的要求较高。

公共空间的设计分类的意义在于：①设计者在接受室内设计任务时，明确所设计的公共空间的使用性质，便于“功能定位”。②根据室内设计造型风格，选择色彩、照明以及装饰材质，将设计对象的物理功能和精神功能紧密联系在一起。例如宾馆大堂空间与剧院空间相比较，前者强调功能分区的合理性和空间环境的华丽氛围，后者侧重于声学方面的要求，造型上追求形式与功能的结合。

图 2-34　培训教室

第四节　案例分析

下面对一个美术文化馆进行分析。该

美术文化馆是一个公益性的美术文化馆，馆内整个区域被划分为接待区、咖啡吧、艺术展厅区、互动区四大部分。可容纳110位客人的咖啡吧设于美术文化馆入口处左侧，它的作用如同一个开关，将喧嚣繁华隔离门外，由此进入一个舒适放松的世界。在美术馆中间设置了互动区，区域内有一整面植物墙和一个多功能台阶，可满足一些小型的艺术相关活动举办及访客休憩之用。此外，美术馆原有的位于道路旁边的后门被保留，与主入口参观路线区分，便于艺术品直接入场布展和撤展。整个空间无论是材质还是颜色的选用，都力求简洁自然。在材料运用上，选用木材、木丝水泥板等天然环保材料作为空间的表皮，凸显整个空间自然温情的质感。多功能互动区的垂直植物墙不仅可以缓解长时间看展、听课的视觉疲劳，也让访客感受到亲近与放松。在空间的颜色的把握上，以青灰、绿、木色为主色调，营造出一种历经岁月沉淀后的清新与雅致(见图2-35~图2-43)。

图2-36　美术文化馆(二)

图2-37　美术文化馆(三)

图2-35　美术文化馆(一)

图2-38　美术文化馆(四)

图 2-39　美术文化馆（五）

图 2-40　美术文化馆（六）

图 2-41　美术文化馆（七）

图 2-42　美术文化馆（八）

图 2-43　美术文化馆（九）

本／章／小／结

本章通过对国内外公共空间发展历史的介绍，展望了公共空间未来的发展趋势，并对其现阶段的分类进行了介绍。在实际应用中，要结合公共空间的发展历史进行设计，要认识到公共空间的设计不仅是目的和结果，也不是设计迎合少数人的标志，而是一个过程，是一个大众参与并不断展现其生活变换的过程，新的设计并不仅是新的风格或新的形式，而是指新的内容和创造新的生活方式。

思考与练习

1. 仔细阅读文章，比较中国古代城市公共空间和西方公共空间的特点有什么异同。

2. 中国古代的城市形态是什么样的？

3. 公共空间的大众化表现在哪些方面？

4. 规模化的公共空间有什么特点？

5. 结合文章内容，联系实际，分析不同类型的公共空间之间的联系。

第三章

公共空间设计原则

学习难度：★★★★☆

重点概念：限定原则　造型设计　美学　空间组织　空间引导

章节导读

公共空间的设计要遵循一定的原则，立足于公共空间设计的现代化、时尚化、人性化、环保化和多元化的现代设计理念，本章从公共空间的限定原则，公共空间的造型设计原则，美学和空间的组织与引导等方面展开叙述（见图 3-1），详细、全面地解析公共空间设计原则的内容。

图 3-1 聚集的公共空间

第一节 公共空间的限定原则

公共空间的限定是**在建筑空间的基础上所进行的二次限定**。在具备完善功能的前提下，公共空间设计既要考虑空间的分隔，又要考虑空间的联系。空间的联系即空间限定的程度，即**限定度**。同样的目的可以有不同的设计方法，同样的设计方法也可以有不同的限定程度。

一、围合与分隔

围合是一种基本的空间分隔方式和限定方式。围合将空间划分出内外，至少要有多于一个方向的面才能成立，而分隔是将空间再划分成若干部分。有时围合与分隔的要素是相同的，围合要素本身可能就是分隔要素，或分隔要素组合在一起形成围合的感觉。有时围合与分隔的界限并不那么明确。在公共空间，利用实体要素再围合或再分隔，能形成一些小区域并使空间有层次感，既能满足使用要求，又给人以精神上的享受（见图 3-2）。例如大型办公室中常用家具将大空间划分成若干小空间，在每个小空间里有一种围合感，创造了相对安静的工作区域；外侧则是交通区域和休息区域，使每个空间之间既有联系又具有相对的区域性，很适合现代办公的要求和管理方式（见图 3-3）。

图 3-2 空间分隔

图 3-3　办公空间分隔

分隔的方式主要有以下四种。

1. 绝对分隔

用承重墙、到顶的轻体隔墙等限定度高的实体界面分隔空间，称为绝对分隔（见图3-4）。这样分隔出的空间有明确的界限，是完全封闭的。隔声良好、视线完全受阻是这种分隔方式的重要特征，它与周围环境的交互性很差，但却具有安静、私密和较强的抗干扰能力。

图 3-4　绝对分隔

2. 局部分隔

用屏风、翼墙、较高的家具、不到顶的隔墙等来对空间进行划分的分隔形式，称为局部分隔（见图 3-5）。限定度的大小强度因界面的大小、材质、形态而异。局部分隔的特点介于绝对分隔与象征性分隔之间。

图 3-5　局部分隔

3. 象征性分隔

用片断、低矮的面、栏杆、花格、构架、玻璃等通透性的隔断或用家具、绿色植物、水体、色彩、材质、光线、高差、悬挂物、音响等因素分隔空间，称为象征性分隔（见图 3-6）。这种分隔方式的限定度很低，空间界面模糊，但能通过人们的联想而感知，侧重心理效应，具有象征意味。

图 3-6　象征性分隔

4. 弹性分隔

利用拼装式、折叠式、升降式等活动隔断和幕帘、家具、陈设等分隔空间，称为弹性分隔（见图3-7）。可以根据使用要求而随时启闭或移动，空间也就随之或分或合、或大或小，这样分隔可以使空间具有较大的弹性和灵活性。

图3-7 弹性分隔

分隔的方式决定了空间之间联系的程度，在满足不同分隔要求的基础上，灵活运用设计方法，以创造出美感、有情趣和意境的空间。

二、覆盖

在自然空间中进行限定，只要有了覆盖就有了内部空间的感觉。四周围得再严密，如果没有顶，虽有向心感，但也不能算是内部空间。在内部空间里用覆盖的要素进行限定，可以有许多心理感受。在空间较大时，人离屋顶距离远，感觉不那么明确，就在局部再加顶，进行再限定。例如，在客房床的上部设幔帐，加强空间与人之间的联系，尺度更加宜人，感觉亲切、惬意。

在人落座的区域常用装饰性垂吊物、遮阳伞、灯饰或织物等做覆盖，再加上周围的树木、花鸟、水体等因素，使人仿佛置身于大自然的怀抱中（见图3-8、图3-9）。这正符合在室内创造室外感觉的意图。在室内空间环境设计中，有意识地运用室外因素，可以给人带来心理的愉悦。

图3-8 覆盖（一）

图3-9 覆盖（二）

三、设置

在公共空间中，设置可以说是最多的再限定方式，任何实体都可以算是设置物。这里所指的设置一般是指它与空间有“设置”关系的，也就是“孤立独处”的。这样的设置物往往成为视觉的中心，设置物对空间的一定区域有着影响作用。

由于周围环境空旷更使设置物引人注目，而且人可以从不同角度观察设置物。典型的设置有广场上雕塑品的案例，在雕塑品周围形成一定的空间（见图3-10）。

图 3-10　设置——广场上的雕塑品

图 3-11　下凹

四、抬起与下凹

抬起与下凹限定是用变化的高差来达到限定的目的，使限定过的空间在母空间中得到强调或与其他部分空间加以区分。对于在地面上运用下凹的手法限定，其效果与低的围合相似，但更具安全感，受周围的干扰也较小。因为低空间不太引人注目，不会有众目睽睽之感。特别是在公共空间中，人在下凹的空间中感觉比较自如。抬起与下凹相反，可以使这一区域更加引人注目，如酒店大堂中演奏钢琴的区域抬起就是为了使位置更加突出，以引起人们的视觉注意（见图 3-11、图 3-12）。

图 3-12　抬起

五、肌理、色彩、形状、照明等

对于公共空间的限定，肌理变化是较为简便的方法。以某种材料为主，局部换一种材料，或者在原材料表面进行特殊处理，使其表面发生变化，如抛光、粗糙处理等，都属于肌理变化。运用不同材料可加强肌理的效果，增强导向性，并影响空间的效果。肌理变化还可以组成图案作为装饰等（见图 3-13、图 3-14）。

图 3-13　肌理变化

图 3-14 肌理的形状变化

在公共空间往往采用多次的再限定，也就是同时用若干种限定方法对同一空间进行限定，例如在围合的一个空间中又加上地面的肌理变化，如石材、地毯等，同时顶部又进行了覆盖或下吊等，这样可以使空间的区域感明显加强。

第二节 公共空间造型设计原则

一、公共空间的性格

在室内公共空间造型中，空间的形状、尺度大小，空间的分隔、联系以及空间的组合形式都直接影响着室内空间的造型处理。**空间的造型设计在很大程度上决定着室内空间的性格**，不同的公共空间造型具有不同的空间性格特征。严谨规整的几何形空间，给人以平稳、肃穆、庄重的感觉；不规则的公共空间会使人感到随意、自然、流畅的氛围；封闭式空间是内向的、安静的、隔世的写照；开敞式空间则给人以自由、流通、豁达的气氛(见图 3-15 ~ 图 3-18)。大空间令人有开阔宏伟之感，小空间则使人倍感亲切而颇具温情。水平方向空间比较开阔、舒展、平和，由于重心低，所以给人一种均衡、平稳的感觉，垂直方向空间与垂直线接近，引导人的视线向上。公共空间尺度很小时，对人的压迫感比较大，而公共空间尺度很大时，如传统的教学公共空间，则显得严谨而神秘。

图 3-15 几何形空间

图 3-16 不规则空间

图 3-17 半封闭式空间

图 3-18　开敞性空间

公共空间造型决定着空间性格，而空间造型往往又由功能的要求而体现，因此空间的性格在很大程度上是功能的自然流露。同样功能的一类建筑都具有相同的符号特征，正如大家在街上常常看到的路旁的一些建筑。人们也许会说，这个体育馆怎么一点不像体育馆，倒像个办公楼，这主要是建筑物的符号没有反映建筑类型特征。在人们心目中，建筑类型符号形成了一种约定俗成的审美概念，认为体育建筑造型应是富有力度和具有动感的，教堂建筑应是高耸而颇具古典色彩的，办公楼应是庄重、严肃、典雅的等。

还有一些公共空间，其性格表现与物质使用功能特点似乎没有直接联系，这类空间的性格特征主要不是依靠物质功能特点来反映，而是通过其精神功能来赋予的，如纪念性的空间，要求能唤起人们庄严、肃穆和崇高等感受。为此，这类空间的平面和空间造型应力求简洁、稳重，以期形成一种独特的性格特征。

二、公共空间的合理利用

公共空间设计是为满足人们的物质方面及精神方面的不同需求，对建筑原有结构及围护面所形成的内部空间进行再创造，使其更加适合人们在空间中进行各种活动。建筑物本身形成的原始内部空间能或多或少地反映其建筑物的特征，但仍有一些空间在功能使用方面和空间造型的艺术处理方面不大尽如人意，存在着各种各样的问题，需要解决和完善。比较典型的就是对大空间的充分利用方面。

要想使公共空间被合理利用，常见的手法就是设置夹层，以夹层分隔空间来提高其利用率。若夹层的宽度超出了原结构的允许限度，就需要设置柱子，并按一定模数排列，这对空间功能尤其是空间形式都会产生很大影响。通过夹层的不同设置，可以在不同程度上丰富空间的变化，使之主次分明、层次清晰。夹层既突出了中央的主要空间，又能使原空间得到合理利用，横向的夹层和竖向的列柱改变了原有空间的呆板和沉闷，让空间充满强烈的韵律感和节奏感，有利于空间的完整与统一（见图 3-19、图 3-20）。

图 3-19　夹层设置

图 3-20 夹层——展示空间

有时根据功能的需要，可将夹层作为纯粹的交通空间来利用。这时夹层就变成我们常见的通透性较强的“跑马廊”。这种做法可以使空间的整体感觉和视觉联系得到很好的保证。展览空间和商业空间为了功能需要还设置了数层人行天桥，使之互相穿插、交错，既大大丰富了空间的层次，又巧妙、合理地利用了空间。

第三节 公共空间的美学

公共空间是在建筑空间的基础上进行二次设计，以完善建筑空间的使用功能。公共空间作为一种人造的空间环境，一方面要满足人们一定的功能使用要求，另一方面还要满足人们精神感受上的要求。因此，要赋予公共空间以实用的属性以及美的属性。

一、均衡与稳定

均衡一般是指公共空间构图中各要素左与右、前与后之间的联系。均衡常常可以通过对称均衡、不对称均衡以及动态均衡的方法来取得。对称是达到均衡的一种常见方式，同时还能取得端庄、严肃的空间效果。对称均衡的构图手法便于谋求整体的统一（见图 3-21），但也有其自身的不足，其主要原因是在功能日趋复杂的情况下，很难达到沿中轴线完全对称的关系，因此，其适用范围就受到很大的限制。为了解决这一问题，许多设计师采用了不对称均衡的方法（见图 3-22），一方面保证了规则性，使人们感到轴线的存在，另一方面做出了各种斜线、曲线等适当的变化，这种方法往往显得比较灵活。除上述两种方法之外，在空间设计中大量出现的还有不对称的动态均衡手法，通过处理三维形体，即通过左右、前后等方面的综合思考以求达到平衡的方法。这种方法往往能取得活泼、自由的效果，因为没有严格的约束，适应性强，显得生动、活泼。

图 3-21 对称均衡空间

图 3-22 不对称均衡空间

格罗皮乌斯在《新建筑与包豪斯》一书中曾强调，现代结构方法的轻巧感，已经消除了与砖石结构的厚墙和粗大基础分不开的厚重感对人的压抑作用。随着这种压抑作用的消失，古往今来的中轴线对称形式正在让位于自由不对称组合的生动有韵律的均衡形式。通过大量现代公共空间作品，我们可以看出不对称均衡的审美观正成为现代空间设计的新方向。

同均衡相联系的是稳定，如果说均衡着重处理建筑构图中各要素的轻重关系，那么稳定则着重考虑空间整体的轻重关系。传统的稳定法则体现在空间形体的下大上小、下重上轻、下实上虚这几方面。随着工程技术的进步，现代设计师则不受这些约束，创造出许多同上述原则相对立的前卫空间形式。

二、对比与微差

对比是指设计诸要素之间比较明显的差异；微差则是指设计诸要素之间的比较小的变化。当然，这两者之间的界线也很难确定，不能用简单的公式加以说明。对比的目的是借助于设计要素之间的互相烘托、陪衬求得变化，微差则是借助设计要素彼此之间的协调和连续性以求得调和。没有对比会产生单调，而过分强调对比以致失掉了连续性又会造成杂乱。只有把这两者巧妙地结合起来，才能达到既有变化又协调一致的效果(见图 3-23)。

对比与微差在公共空间构图中主要体现在不同体量、不同形状、不同方向、虚和实、不同色彩和质感之间。巧妙地运用对比与微差对公共空间设计具有重要的意义。

图 3-23　空间的对比与微差

三、韵律与节奏

自然界中的许多事物或现象，往往由于有秩序的变化或有规律的重复而激起人们的美感，这种美通常称为韵律美。表现在公共空间的韵律可分为下述四种：连续韵律、渐变韵律、起伏韵律、交错韵律。

①连续韵律一般是以一种要素或若干种要素连续、重复排列，各要素之间保持恒定的关系与距离(见图 3-24)。具有无限延长的特点，空间形象秩序感强是这种韵律的主要特征。公共空间装饰中的带形图案和顶界面的造型处理都可以运用这种韵律获得连续性和节奏感。②渐变韵律是在连续韵律的基础上，重复出现的组合要素在某一方面有规律地逐渐变化。例如，加长或缩短、变宽或变窄、变密或变疏、变浓或变淡等，便形成渐变韵律(见图 3-25)。渐变韵律往往能给人们一种循序渐进的形式感进而产生一定的空间导向性。③渐变韵律如果按照一定的规律使之变化，如波浪起伏，这种韵律称为起伏韵律，起伏韵律常常比较活泼而富有动势。④两种以上的组合要素互相交织穿插，一隐一显，便形成交错韵律(见图 3-26)。

图 3-24　顶面图案的连续律动

图 3-25　渐变律动

图 3-26　交错律动

简单的交错韵律由两种组合要素作纵、横两向的交织、穿插构成；复杂的交错韵律则由三个或更多要素作多向交织、穿插构成。现代空间网架结构的构件往往具有复杂的交错韵律。

韵律与节奏是空间形式美不可分割的两方面，韵律与节奏既能运用于空间设计，又能运用于公共陈设设计、界面装饰设计和公共空间光环境设计之中，其核心目的是创造多样统一、具有和谐美的空间环境。

四、比例与尺度

古罗马建筑师维特鲁威在《建筑十书》中指出：“比例是指优美的外貌，是组合细部适度的表现关系。当建筑细部的高度与宽度对称，而且宽度同长度对称时，也就是整体具有均衡对应时，就能够完成这一点。”《建筑十书》中还有关于人体比例和“方形人”的经典论述。达·芬奇根据维特鲁威的描述绘制出著名的《维特鲁威人体》(见图 3-27)。

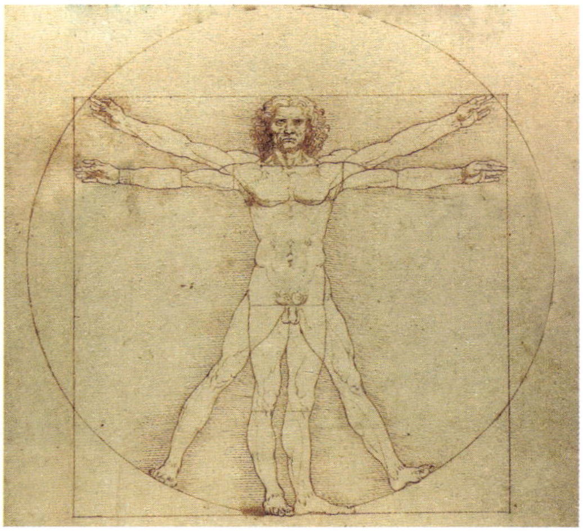

图 3-27　维特鲁威人体

在空间设计中，协调的比例可以引起人们的美感。无论是组合要素本身，还是各组合要素之间以及某一组合要素与整体之间，都保持着某种确定的数的制约关系。这种制约关系中的任何一处，如果越出和谐所允许的限度，就会导致整体比例失调。至于什么样的比例关系能产生和谐并给人以美感，关于比例的研究有以下几种观点：模数比例、比值数列、模度体系。

模数比例由古希腊毕达哥拉斯学派提出。毕达哥拉斯发现，希腊音乐系统的和声可以用一个简单的数列表达，即 1、2、3、4，该数列的比是 1:2、1:3、2:3、3:4，这个关系使希腊人发现了开启智慧大门的钥匙，找到了神秘的、宇宙间无所不在的和谐。毕达哥拉斯的信条是“万物皆数字之排列”。后来，柏拉图发展了毕达哥拉斯的数字美学，而成为比例美学。他将上述简单的数列进行平方和立方的处理，得到了比值为2和3的数列，1、2、4、8以及1、3、9、27。对柏拉图而言，这些数字以及它们的比值，不仅包含着希腊乐曲的声阶和谐，而且还表达了宇宙的和谐结构（见图3-28）。

图3-28　模数比例在中银大厦设计上的应用

文艺复兴时期的建筑师认为，建筑学是将数学转化为空间单元，提出“比值数列”的法则。他们把毕达哥拉斯的中项定理应用于希腊音阶间隔的比值，发展成一套完整的比值数列，以此作为建筑比例基础。这一系列的比值，不仅体现在一个房间或者立面的各个尺度上，还体现在一个空间序列，甚至整个平面布局中连锁的比例之间。

现代建筑师勒·柯布西耶把比例和尺度结合起来研究，提出“模度体系”（见图3-29）。从人体的三个基本尺寸（人体高度1.83m，手上举指尖距地2.26m，肚脐至地1.13m）出发，按照黄金分割引出两个数列：“红尺”和“蓝尺”。用这两个数列组合成矩形网格，由于网格之间保持着特定的比例关系，因而能给人以和谐感。

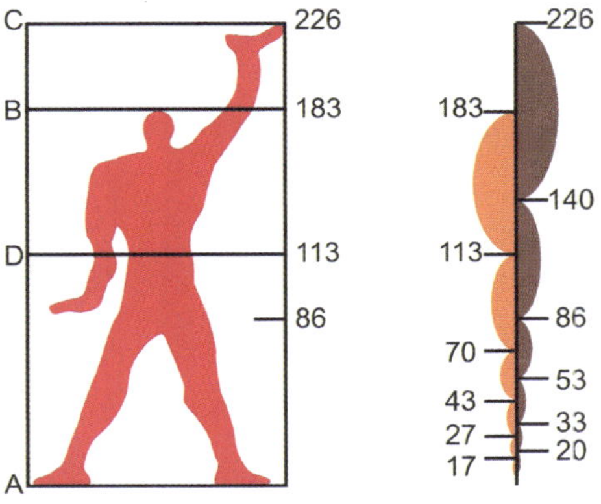

AD=DC, BD/AD=AD(AD+BD)

图3-29　勒·柯布西耶提出的“模度体系”

公共空间的形状与空间的比例、尺度是密切相关的。它直接影响人对空间的感受。**建筑空间是为人所用的，是为适应人的行为和精神需求而建造的。**因此，在考虑了材料、结构、技术、经济、社会、文化等因素后，我们在设计时应选择一个最合理的比例和尺度。这里所谓的“合理”是指适合人们生理与心理两方面的需要。当我们观测一个物体或者说公共空间的大小时，往往运用其周围已知大小的要素作为衡量的标尺。这些已知大小的要素称为尺度给予要素。其一，这些要素的尺寸和特征是人们凭经验获得并十分熟悉的；其二，人体本身也可以度量空间的大小、高矮。因此，我们可以把尺度分成两种类型：整体尺度——空间里各要素之间的比例关系；人体尺度——人体尺寸与空间的比例关系。

所有的空间要素，无论是厂家预先制造的，还是设计者经过选择的，都有一定的尺寸。尽管如此，每个要素的大小仍然要通过与周围要素相比较才能被人们感知。比如室内立面上的窗户，窗户的尺寸和比例，窗户之间的间隔和整个立面尺寸，都有着密切的视觉关系。如果窗户都采用相同的尺寸和形状，窗户与立面的尺寸就产生一种尺度关系。但是如果某一个窗户比别的窗户都大，那么这个窗户就在立面的构图内产生另一种尺度，这种尺度的跳跃会使人意识到这个窗户后面的空间的尺寸，或者告诉人们这个空间具有特别的意义，或者这个窗户还改变人们对整个立面尺寸和其他窗户尺寸的理解。有许多室内要素的尺寸都是人们所熟悉的，因而能帮助我们判断周围要素的大小，像住宅室内的窗户、门、家具等，能使人们想象出房子有多大，有多高；楼梯和栏杆可以帮助人们去度量一个空间的尺度。正因为这些要素为人们所熟悉，因此它们可以有意识地用来改变一个**空间的尺寸感**。

但要注意的是，我们常把人所熟悉的物体的尺度作为标尺，但有时视觉也会使人对空间产生错觉。尺度感不光在空间大小上能体现出来，在许多细部也能体现出来，如公共结构构件的大小，空间的色彩、图案，门窗开洞的形状、位置，以及房间里的家具、陈设的大小，光的强弱，甚至材料表面的肌理粗细等都能影响空间的尺度。

小贴士

比例与尺度原则的应用：著名的“水晶教堂”的内部空间，由于纪念性、宗教性的巨大尺度而形成了雄伟壮观的景象。古罗马的许多建筑是帝国权威和力量的象征，尺度是“神话般的”。布鲁诺·赛维这样写道：“(这种尺度)后来成为现实了，再后来又成为一种过去有过的，只靠想象才能感受到的尺度。但从来不是，也从未想过要成为人的尺度。”

第四节　空间的组织与引导

公共空间设计是根据其使用功能，利用一定的物质材料和技术手段对建筑空间进行二次设计。公共空间设计是建筑空间设计的延续，是对建筑设计概念进一步的深化和发展。公共空间应在满足功能要求的前提下具有自身的形式美，以满足人们的精神感受和审美的要求。本节从空间组合形式和美学角度介绍公共空间的设计原则。

一、空间的组织

公共空间的组织，一是要考虑建筑空间的基本条件，在对原有建筑设计的意图充分理解的基础上，对建筑物的总体布局、功能分区、人流动向以及结构体系等有深入了解；二是要满足空间的使用需求，完善公共空间的使用功能，在设计时对空间和平面布置予以完善、调整或再创造。由于现代生活节奏加快，建筑功能随之发展或变换，也需要对建筑空间进行改造或重新组织，这在当前对公共空间的更新改建任务中是最为常见的。公共空间的组织方式概括起来有两个空间的连接、空间群的连接两种。

1. 两个空间的连接

(1) 连接。连接是指两个互为分离的空间单元，可以由第三个中介空间来连接 (见图 3–30)。在这种彼此建立的空间关系中，中介空间的特征起决定性的作用，中介空间在形状和尺寸上可以与其连接的两个空间单元相同或不同。当中介空间的形状和尺寸与其所连接的空间完全一致时，就构成了重复的空间系列；当中介空间的形状和尺寸小于其所连接的空间时，强调的是自身的联系作用；当中介空间的形状和尺寸大于其所连接的空间时，则成为整个空间体系的主体性空间。

(2) 包含。包含是指一大的空间单元完全包容另一小的空间单元 (见图 3–31)。在这种空间关系中，大尺寸与小尺寸的差异显得尤为重要，因为差异越大包容感越强，反之包容感则越弱。当大空间与小空间的形状相同而方位相异时，小空间具有较大的吸引力，大空间中因产生了第二网格，留下了富有动态感的剩余空间；当大空间与小空间的形状不同时，则会产生两者不同功能的对比，或象征小空间具有特别的意义。

(3) 交接。交接是指两个空间单元相遇并接触，但不重叠，接触后的空间之间的视觉和空间上的连续程度取决于接触处的性质 (见图 3–32)。接触可以是边界与边界的接触，也可以是界面与界面的接触。当以空间的界面接触时，空间的独立性强，而界面上的开放程度如何，将直接影响到两个空间的围合与通透程度。以独立接触面设置于单一空间内时，空间的独立性减弱，两个空间隔而不断。以一列线状柱作为接触面时，空间有很强的视觉以及空间上的连续性，而柱子数目的多少，将直接影响到两个空间的通透程度。以两个空间的地面标高、屋顶高度或墙面处理的变化

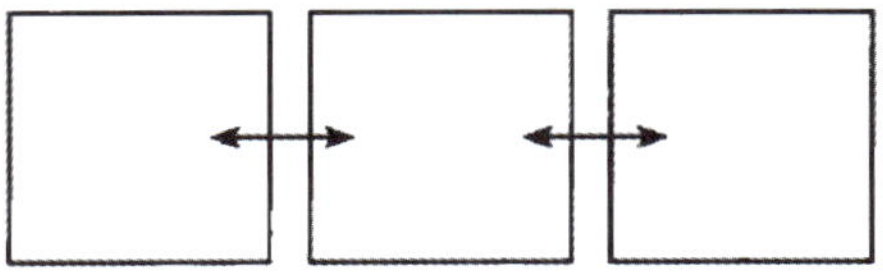

(a) 重复的空间系列

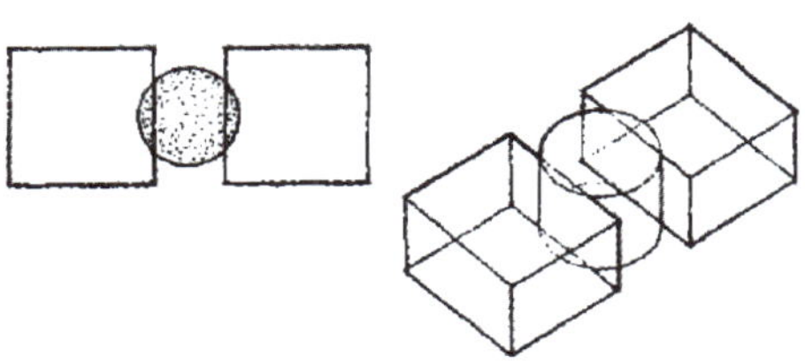

①　②

(b) 中介空间自身的联系作用

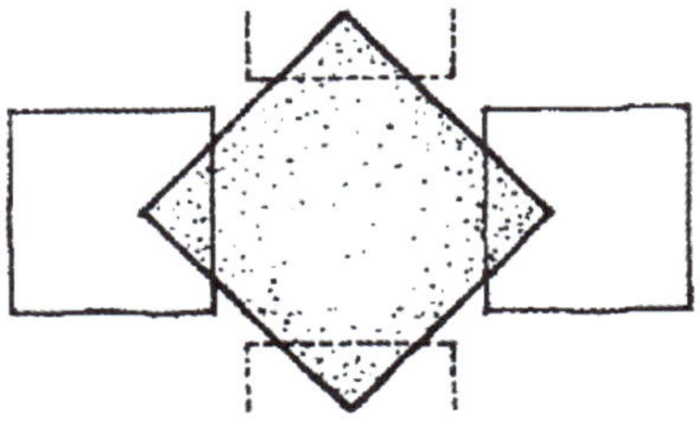

(c) 中介空间的主体性

图 3–30　连接

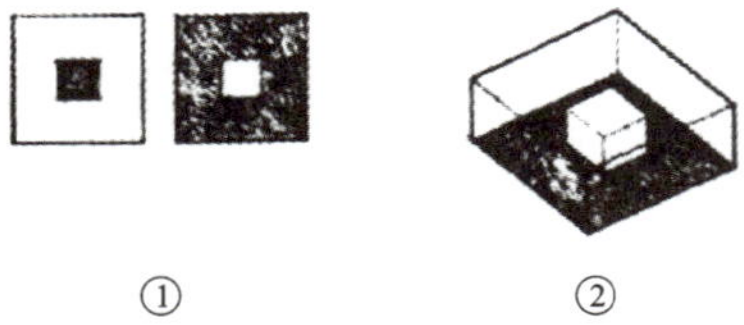

(a) 包容感

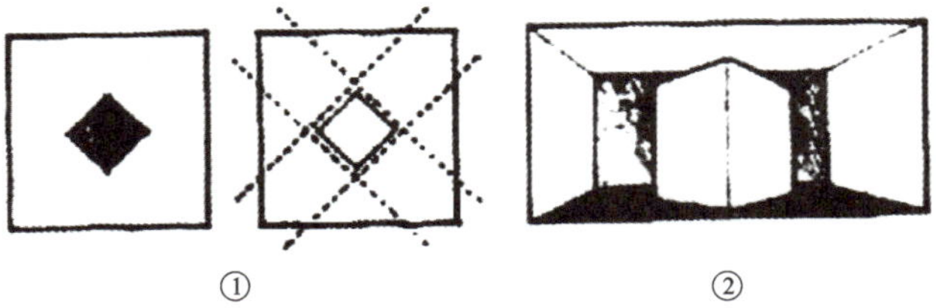

(b) 动态感的剩余空间

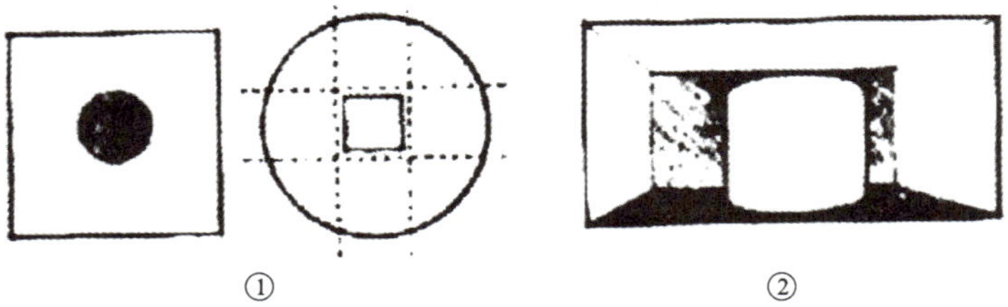

(c) 形状不同的大空间与小空间

图 3-31　包含

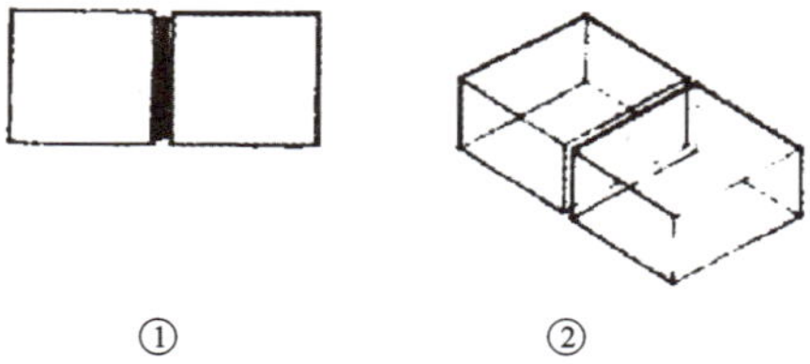

(a) 界面与界面的接触

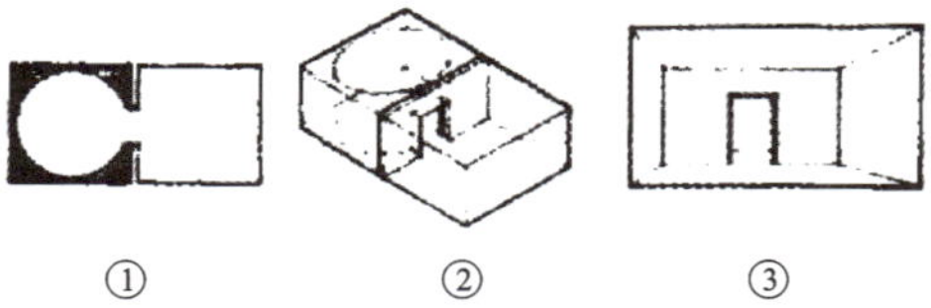

(b) 两个空间的围合与通透程度

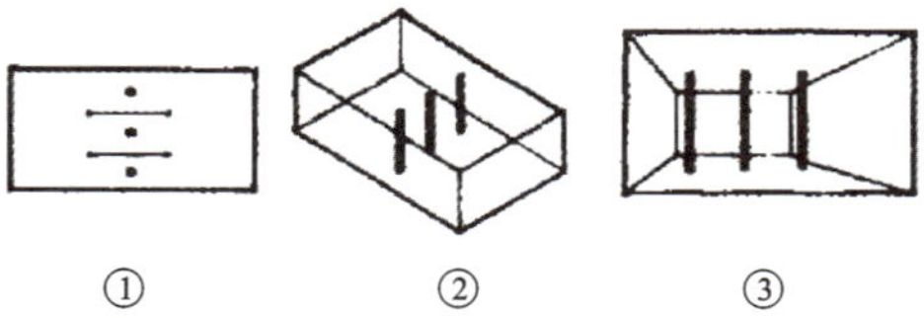

(c) 两个空间的通透程度变化

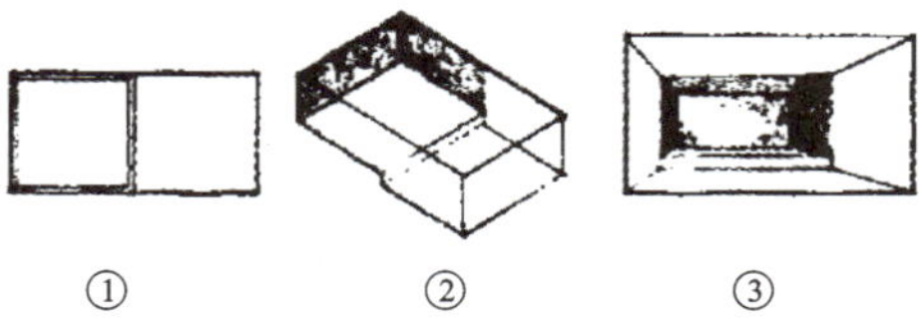

(d) 两个空间接触面的暗示

图 3-32　交接

作为接触面的暗示时，空间则有微妙的区别，但仍然有高度的视觉和空间上的连续性。

2. 空间群的连接

(1) 以廊为主的组合方式。以廊为主的组合空间是指具有相同功能性质和结构特征的空间单元以重复的方式并联在一起所形成的空间组合方式 (见图 3-33)。这种组合方式简便、快捷，适用于功能相对单一的公共空间，如宾馆客房、办公室等。

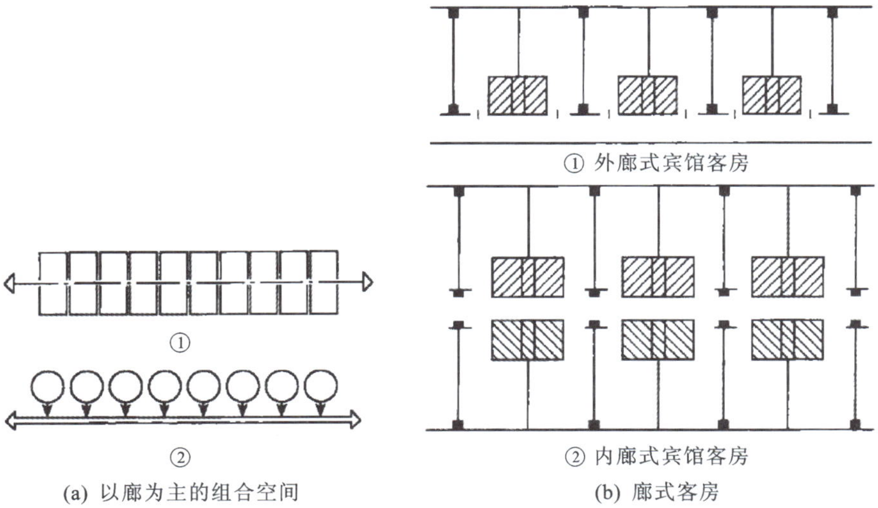

图 3-33　以廊为主的组合方式

(2) 以厅为主的组合方式。各空间以厅为单位进行组合，组合空间单元由于功能或形式等方面的要求，先后次序明确，相互串联形成一个空间序列，呈线性排列，故这种组合方式也称为序列组合、线性组合(见图 3-34)。这些空间可以逐个直接连接，也可以由一条联系纽带将各个分支连接起来。序列组合适用于那些人们必须依次通过的各部分空间，如展览空间、博物馆空间等。线性组合适用于分支较多，分支内部又较复杂的公共空间，如综合医院、大型火车站、航空港等。

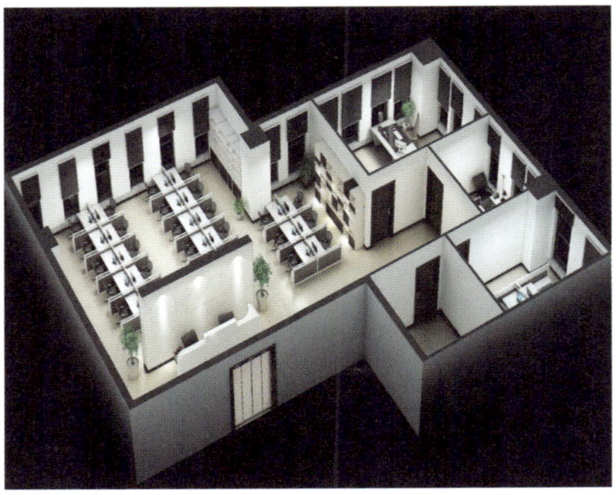

图 3-34　办公空间的序列组合

(3) 以一大空间为主体的组合方式。组合通常是一种稳定的向心式结构，组合由一定数量的次要空间和一个大的占中心主导地位的大空间构成。处于中心的主导空间一般为相对完整的形状，应有足够大的空间体量以便使次要空间能够集结在其周围，次要空间的功能、体量可以相同，也可以不同，以适应功能和环境的需求。一般说来，以一大空间为主体的组合方式其本身没有明确的方向性，人群通过空间需作流向引导。这种空间组合方式适用于剧院空间、商业空间等大的公共空间。

3. 空间的引导

在比较复杂的空间组合中，由于功能或地形的限制，可能会使某些比较重要的公共活动空间所处的地位不够明显，而不易被人们发现。在设计过程中也可能有意识地把某些趣味中心置于比较隐蔽的地方，而避免开门见山，一览无余。在以上各种情况下都需要采取相应的措施对人流加以引导，但这种引导不同于路标，而是属于**空间处理**的范畴，具体地讲就是要处理得自然、含蓄，使人于不经意中沿着一定的方向或路线从一个空间依次地走向另一个空间，直至把人流引导至预定的目标。

引导的处理方法随着具体情况而千变万化，归纳起来可以分为以下几种基本类型。

(1) 利用空间的灵活分隔，引导人们进入另外一些空间。利用人有“好奇”的心理特性，采用灵活的空间分隔，使人在一个空间中预感到另一个空间的存在，并进一步去探索，从而把人引导至另一个空间。

(2) 利用特殊形式的楼梯或踏步把人流引导至上一层空间。暗示上一层空间的存在，楼梯、踏步通常都具有一种引人向上的诱惑力，当需要将人流从低空间引导至高空间时，都可以采用这种方法。

(3) 运用具有方向性的形象和各种韵律构图来引导和暗示行进的方向。如利用重复出现的连续性的柱、构架、陈设品等暗示或引导人们行动的方向，或在地面、墙面及顶棚上采用连续性的图案，尤其是具有方向性的线条或图案，使之产生导向性的作用。

(4) 利用弯曲的墙面引导人群流向，并暗示另一空间的存在。这是依据人的心理特点和人流自然趋向于曲线形式而产生的，当人们面对一条弯曲的墙面，会自然而然地产生期待感，自觉或不自觉地沿弯曲的方向前进，去探索另一个空间。

(5) 利用视觉中心的作用引导空间。视觉中心是在一定空间范围内引起人们视觉集中的事物，在空间的一些关键部位，如入口处、不同空间连接处、空间转折处等，设置易引起人们强烈注意的物体，以吸引人们的视线。如形态生动的螺旋楼梯，造型独特的陈设，如雕塑装饰、花瓶装饰、盆栽装饰、壁画装饰等（见图 3-35、图 3-36）。也可以通过色彩、照明装饰等突出重点，形成视觉中心。

图 3-35　空间转折

图 3-36　螺旋楼梯

4. 空间的对比与变化

亚里士多德在论述艺术形式时，经常涉及有机整体的概念，据他看来，形式上的有机整体是内容上内在发展规律的反映。就公共空间而言，有机整体的内容主要是指功能，空间形式必然要反映功能的特点。而功能本身就包含许多差异性，这反映在空间形式上也必然会呈现出各种各样的差异。造型的内在发展规律也会赋予空间以各种形式的差异性。对比与变化所研究的正是如何利用这些差异性来求得空间形式的完美统一。

空间的对比是指空间要素之间显著的差异。就形式美而言，这两者都是不可缺少的。对比可以借助彼此之间的烘托陪衬来突出各自的特点以求得变化；变化则可以借助相互之间的共同性以求得和谐。没有对比会使人感到单调，过分地强调对比以至失去了相互之间的协调一致性，则可能造成混乱，只有把这两者巧妙地结合在一起，才能达到既有变化又和谐一致，既多样又统一。

空间对比与变化的手法主要有以下几种。

(1) 空间低小与高大 (见图 3-37)。当由低而小的空间进入高而大的空间时，则可以借助空间的对比与衬托使后者感到更加高大。

(2) 空间直与曲 (见图 3-38)。直线能给人们以刚劲挺拔的感觉，曲线则显示出柔和活泼。巧妙地运用这两种线型，通过刚柔之间的对比，可以使空间构图富有变化。

(3) 空间形状对比。不同形状的空间之间也会形成对比作用，通过这种对比可以达到求得变化和破除单调的目的 (见图 3-39)。然而，空间的形状往往与功能有密切的联系，为此，必须利用功能的特点，并在功能允许的条件下适当地变换空间的形状，从而借助相互之间的对比作用以求得变化。

图 3-37　空间低与高的对比

图 3-38　直线与曲线的对比

图 3-39　形状的变化

(4) 空间开敞与封闭 (见图 3-40、图 3-41)。开敞的空间是指多开窗或开大窗的空间。封闭的空间是指不开窗或少开窗的空间。前一种空间较明朗，与外界的关系较密切；后一种空间一般较暗淡，相对封闭。很明显，当人们从封闭空间走进开敞空间时，必然会因为强烈的对比作用而顿时感到豁然开朗。

图 3-40　开敞的接待区

图 3-41　相对封闭的过道

图 3-42　色彩对比

图 3-43　博物馆明暗对比

(5) 空间的综合对比。空间的综合对比包括色彩对比、质感对比、明暗对比等(见图 3-42、图 3-43)。

二、空间对比与空间变化的程度

空间对比与空间变化是相对的，这之间没有一条明确的界线，也不能用简单的数学关系来说明。例如，一列由小到大连续变化的要素，相邻者之间由于变化甚微，可以保持连续性，则表现为一种变化关系。如果从中抽去若干要素，将会使连续性中断，凡是连续性中断的地方，就会产生引人注目的突变，这种突变则表现为一种对比的关系，突变的程度愈大，对比就愈强烈(见图 3-44)。空间对比与空间变化只限于同一性质的差异之间，在公共空间设计领域中，无论是空间的整体还是局部，为了求得统一和变化，都离不开空间对比与空间变化手法的运用。

三、空间的渗透与层次

在分隔空间时有意识地使被分隔的空间保持某种程度的连通，使处于某个空间的人们可以看到另外一些空间的景物，从而使空间彼此渗透、相互呼应，这样就会

图 3-44　空间对比

图 3-45　玻璃隔断

图 3-46　借景

大大地增强空间的层次感。西方近现代建筑以及我国古典庭园建筑都十分重视运用这种手法来丰富空间的变化，并且取得了良好的效果。在空间的组织和处理方面，西方近现代建筑的一项突破就是打破了古典建筑那种机械、呆板的分隔空间的方法而代之以自由、灵活地分隔空间。这不仅给空间处理创造了许多新的可能性，同时也极大地丰富了空间的变化和层次感。

大面积地使用玻璃隔断，不仅可以使室内空间互相渗透，而且还可以使室内外空间互相渗透（见图 3-45）。把室外空间引入室内，还可以看到另一内部空间，乃至更远的自然景色。这样就会增强空间的层次感，使人们感到无限深远。空间的渗透与层次的处理方法有：利用借景与对景（见图 3-46）、桶扇和博古架等传统方法；利用新材料、新技术；利用内部空间与室外空间；利用建筑结构空间横向与纵向的变化。

四、空间的序列与节奏

1. 空间的序列

在三维空间的实体中，我们不能一眼就看到空间的全部，只有在连续行进的过程中，从一个空间到另一个空间，才能逐次看到空间的各个部分，最后形成整体印象（见图 3-47）。逐一展现的空间变化必须保持连续关系。**组织空间序列就是把空间的排列和时间的先后两种因素考虑进去**，使人们在静止的情况下和在行进中都能获得良好的观赏效果。特别是沿着一定的路线行进，能感受到既和谐一致、又富于变化的空间形式。空间序列组织就是综合运用对比、重复、过渡、衔接、引导等一系列处理手法，把单个的、独立的空间组织成一个有秩序、有变化、统一完整的

图 3-47　景观空间序列的组成

图 3-48　沿人流路线逐一展开

空间集群。

2. 空间序列的阶段性

空间序列具有阶段性特点，人们在感受空间的过程中要经过一定的时间，只有连续经历整个空间后，才能形成对空间的整体印象。空间序列的连续性也反映出时间艺术的特点，空间起始阶段也就是空间的开端，预示空间将要在人们面前依次展开。在过渡和衔接阶段，人流所经的空间序列应该完整且连续。进入空间是序列的开始，要处理好内部空间的过渡关系，把人流向各个空间分流，使之既不感到突然，又不感到平淡。空间出口是序列的终结，也是重点设计的部分，应善始善终。同一序列中的内部空间之间应有良好的衔接关系，在适当的地方还可以插进一些过渡性小空间，起收束作用，并加强序列的节奏感。对人流转折处要认真对待，可以用引导与暗示的手法来提醒人们，并明确指出前进的方向（见图 3-48）。转折要显得自然，保持序列的连贯性（见图 3-49）。最后是空间的高潮和收束阶段，沿人流主要路线逐一展开的空间序列不仅要有起伏、抑扬，要有一般和重点，而且要有高潮，

图 3-49　空间转折

与高潮相对应的是收束。完整的空间序列，要有放有收，只收不放势必使人们感到压抑和沉闷，只放不收则会流于松弛和空旷。

3. 空间的节奏

空间的节奏是空间形式要素的有规律的、连续的重复，各要素之间保持恒定的距离与关系（见图 3-50）。在一个连续变化的空间序列中，某一种空间形式的重复和再现，形成一定形式的节奏感，有利于衬托主要空间（重点、高潮）。如果在高潮前，重复一些空间形式，可以为高潮的到来做准备。在公共空间中，往往也可以借助某一母体的重复或再现来增强整体的统一性。随着工业化和标准化水平的提高，这种手法已得到愈来愈广泛的运用。

图 3-50　空间的节奏

第五节　案例分析

下面对一所幼儿园进行分析。该幼儿园包括多个充满探索趣味的功能区，如活动区、教学区、多功能厅、科学发现室等，让学习空间成为孩子们的一个兴趣大超市，充分培养和激发孩子们的学习能力和探索精神，坚持一切以孩子为主的原则。跑道五彩缤纷，当孩子们走近幼儿园，便会被色彩洋溢的建筑和室外空间深深吸引，简单而充满趣味的设计恰好迎合了孩子们的纯净而好奇心十足的心理世界。木质的桌椅家具结合简单的灯光设计，营造出一种温柔的空间体验，给人一种从宁静到活泼的递进感。幼儿园室内空间颜色鲜艳明快，迎合了孩子们活泼好动的天性，以色彩刺激五官，增强孩子的学习认知能力(见图 3-51 ~图 3-58)。

图 3-51　幼儿园外观

图 3-52　幼儿园室内空间

图 3-53　幼儿园娱乐室

图 3-54　幼儿园餐厅

图 3-55　幼儿园公共空间

图 3-56　幼儿园游戏间

图 3-57　幼儿园走廊

图 3-58　幼儿园洗手间

本／章／小／结

本章重点讨论了公共空间的限定原则、造型设计原则及其美学设计原则，并阐释了公共空间的组织和引导方式。空间的合理利用和划分往往是区分公共空间和私人空间的必要手段，设计师追求的是如何使其适应人的各种需求，而不是让公众去适应各种环境，公共空间和私人空间在很大程度上是有机的整体，要协调设计。

思考与练习

1. 在对公共空间进行限定时，有哪些分隔空间的方式？

2. 公共空间的造型设计坚持什么原则？

3. 结合文章内容，谈谈你对公共空间的美学的认识。

4. 理解课文内容，两个空间有哪些连接方法？

5. 学习本节内容，实地参观当地的博物馆，分析其设计是如何应用空间的组织与引导知识的。

第四章

公共空间设计要素

学习难度：★★★☆☆

重点概念：基本要素　构成　形态　限定要素

章节导读

公共空间设计时要把握形态要素、基本要素、基本形态、空间限定要素等要素（见图 4-1）。形态构成是公共空间造型艺术设计的基础，空间造型是由各种不同的点连成线，线构成面，面形成体的过程。本章介绍了形态要素在空间中的形式表现，点、线、面、体在公共空间的应用，阐明了空间限定要素的作用。

图 4-1　公共空间绿地形态

第一节　形态要素

如果对形态构成的研究范畴进行解析，其包括了“形”以及“形”的构成规律。形态具体包括**“原形”“要素”“结构”“新形”**四个部分。原形是只在现实生活中存在的物质，这些物质都可以看成是形态构成的原始的形。要素是指任何原形都可以分解为要素，复杂的原形可以分解为简单的基本形要素，而基本形要素又可以分解为基本要素。结构是指将要素与要素之间，要素与整体之间的关系组合起来的一种方式，即结构方式。新形是指要素按照一定的结构方式组合起来所产生的形。新形不同于原形，并不是对原形的复原，而是通过形态创造构成新形。

我们在生活中看到的物体都有其形态，这些形态由不同层次的要素组合而成。形态可以分为物质形态和非物质形态等。同样，形态要素也可分为物质要素和非物质要素。我们不仅要考虑空间的形工式，还要考虑到实体要素对周围的影响。对于室内空间，每一个空间形式和围护实体，不仅决定了其周围的空间形式，也被周围的空间形式所决定。

无论是垂直要素还是水平要素，在限定空间方面都有其主动和被动的作用，这固然与功能要求是分不开的，同时还要顾及人们的审美要求及其他因素的分类。物质要素包括空间围护体、空间结构、空间装饰等。空间围护体的要素包括门窗、墙体、屋顶、隔断等 (见图 4-2)；空间结构要素包括梁柱、屋架等 (见图 4-3)；空间装饰要素包括雕刻、书画、陈设摆件等 (见图 4-4)。非物质要素是指以上物质要素的组织方式和构成规律，以及蕴含于其中的审美情趣和文化意义等方面的要素。

图 4-2　空间围护体要素

图 4-3　空间结构要素

图 4-4　空间装饰要素

任何形态都是由要素组成的，这些构成要素存在着某些一般性的规律。将形态作为纯粹的、抽象的，但又是基本的造型要素，探讨其视觉特性以及心理感受方面的影响，可以把形态要素分为基本要素、限定要素、基本形三方面。三者的关系是，基本要素是限定要素和基本形的前提和基础；限定要素是在基本要素的基础上发展而来的，是构成形态不可缺少的要素；基本形也离不开基本要素，由于任何复杂的形态都可以分解为简单的基本形，所以常常又把基本形直接作为基本单元来构成形态。虽然在形态构成中，作为纯粹化、抽象化的要素构成学习与实际的形态设计还有一段距离，但这种方法确实是一种理解和掌握空间形态构成的方法。

第二节　基本要素

公共空间中的**基本要素是由点、线、面、体所构成的**。在这些要素中，点是任何形的原生要素，一连串的点可以延伸为线，由线可以展开为面，由面又可以聚合为体。所以，点、线、面、体在一定的方式条件下是可以相互转化的，也说明了点、线、面、体的界定是人为的和相对的。

一、点要素

从概念上讲，点没有长度、宽度、深度，然而，点的大小是有相对性的（见图 4-5）。在形态构成中，当一个基本形相对于周围环境的基本形较小时，这个基本形就可以看成是一个点了。一个点可以用来标志：一条线上的某个点，两条线的交点，面或体的角点以及一个范围的中心形态中的各种点要素。除了实的点外，由于视觉上的感受不同，又会形成虚的点、线化的点和面化的点。虚的点是相对于实的点而言的，是指由于图形的反转关系而形成的点的感觉。线化的点是指点要素以线状的排列形式而形成的感觉。面化的点是指点要素在一定范围内排布而形成的面的感觉。

图 4-5　点的构成

较小的形都可以称为点，点可以起到在空间中标明位置或使人的视线形成集中注视的作用，因而点是静态的、无方向的。如墙面的交汇处，扶手的终端，小的装饰物等都可以视为点。只要相对来说足够小，而且是以位置为主要特征的，都可以看作点。例如，一幅小装饰画，对于一面墙，或一件家具，对于一个房间，都可以完全作为视觉上的点来看待。尽管点相对很小，但点在室内空间中常常可以起到以小压多的作用。有时一个点太小不足以成为视觉重点时，可以用多个点组合成群，以加强其分量，平衡视觉。点可以有规律地排列，形成线或面的感觉；也可以以自由形式出现，形成一个区域；或按照某种几何关系排列以形成某种造型（见图 4-6、图 4-7）。

图 4-6　点的形式（一）

图 4-7　点的形式（二）

点给人的心理感受：当点存在于某环境，并位于一个范围内的中心时，使人有静态感、无方向感；而当点偏移范围内的中心位置时，则使人有动态感和方向感（见图 4-8）。

图 4-8　点所形成的视觉中心

二、线要素

“线”有细长的事物、路线、界线等基本含义。从概念上讲，线应有长度，但没有宽度和深度，然而，线的长度与宽度和深度的关系，也不是绝对的（见图4-9）。在形态构成中，当任何基本形的长度与宽度和深度悬殊较大时，就可以看成是线（见图4-10）。因此，线的长度、宽度、深度的比例关系具有相对性。线的形状有直线、折线、曲线之分。线是一个重要的基本要素，线可以看成是点的轨迹、面的边界以及体的转折。形态中的各种线要素除实线以外，由于视觉上的感受不同，又会形成虚线、面化的线和体化的线。虚线是指图形之间所形成的线状间隙，由于图形的反转关系而形成的线的感觉，面化的线是指以一定数量的线排列而形成的面的感觉，体化的线是指以一定数量的线排列形成面并围合成体状所形成的体的感觉。

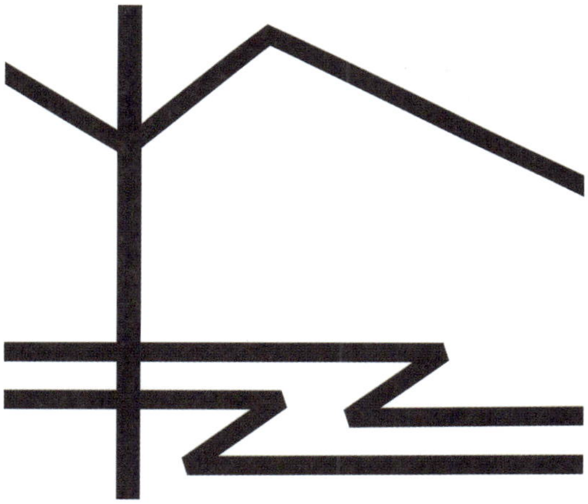

图4-9 线的构成

图4-10 空间中的线条（一）

在建筑空间中，作为线出现的视觉现象是很多的。有些线是刻意被强调出来的，例如作为装饰的线条。有些线是有意隐蔽起来的。水平线给人的感觉是稳定、舒缓、安静、平和等；斜线给人的感觉则是不安定和动势，而且多变化，因此斜线是视觉上呈动感的活跃因素。

直线与曲线相比较，显得比较单纯而明确。在室内空间构成上，直线的造型一般给人带来规整、简洁、富有现代气息，但由于过于简单、规整，又会使人感到缺乏人情味。当然，同是线条造型，由于线的本身的比例、总体安排、材质、色彩等的不同仍会有很大差异（见图4-11）。在尺度较小的情况下，线条可以清楚地表明面和体的轮廓和表面，这些线条可以是在装饰材料之中或之间的结合处，或者是门窗周围的装饰套，或者是梁柱的结构网络。这些线要素如何达到表面质感的效果，要看要素的视觉分量、方向和间隔距离。粗短的线条比较强而有力，细长的线条则显得较为纤弱细腻，给人带来的感觉差异是显而易见的。曲线常给人带来与直线不同的各种联想（见图4-12）。抛物线流畅悦目，富有速度感；螺旋线具有升腾感和生长感；圆弧线规整、稳定，有向心的力量感。一般来说，在建筑空间中，曲线总是显得比直线更富有变化，更丰富和复杂。特别是当代人们长久地生活在充满直线条的室内环境中，如果用曲线来打破这种呆板的感觉，会使空间环境更具有亲切感和人性魅力。

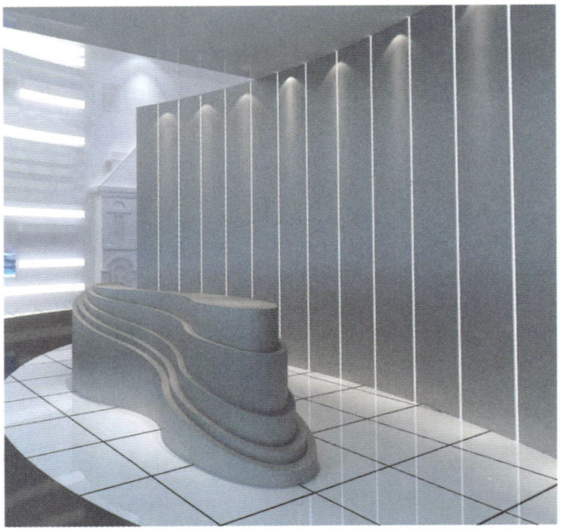

图 4-11　空间中的线条（二）

图 4-12　空间中的线条（三）

线给人的心理感受：一条线的方位或方向在视觉感受方面起着较大的作用。垂直线给人重力感、平衡感；水平线给人稳定感；斜线给人动态感；曲线则给人张力感和运动感。

三、面要素

“面”有表面、方面、前面等基本含义。从概念上讲，一个面有长度和宽度，但没有厚度（见图 4-13）。所以，面是二维的。然而，在形态构成中，当一个体的深度较浅时，也可以把这个体看成是面，因此，面也可以是三维的，具有相对性。面的形状有直面和曲面两种（见图 4-14）。

图 4-13　面的构成

图 4-14　空间中的直面

面是一个关键的基本要素，面可以看成是轨迹线的展开、围合体的界面。形态中的各种面要素除实面以外，由于视觉上的感受不同，又会形成虚面、线化的面和体化的面。虚面是相对于实面而言的，是指图形经过图底反转关系而形成的虚面的感觉。线化的面是指面的长宽比值较悬殊时就形成了线的感觉。体化的面是指由面围合或排列成体状就形成了体的感觉。空间的面，限定形式和空间的三维特征，每个面的属性（尺寸、形状、色彩、质感），以及这些要素之间的空间关系，将最终决定这些面限定的形式所具有的视觉特征以及这些要素所围合的空间的质量。

在公共空间设计中，最常见的面莫过于顶面、墙面和基面。顶面可以是房顶面，这是建筑抵抗恶劣气候因素的首要保护性构件，也可以是吊顶面，这是内部空间中的遮蔽或装饰构件。墙面则是视觉上限定空间和围合空间的最主要的要素，墙面可实可虚，或虚实结合。基面是建筑空间中的底面，是提供有形支撑的基面，支持人们在室内的活动。

在室内空间中，直面最为常见，绝大部分的地面、墙面、家具等造型都是以直面为主的。斜面可以为规整的空间带来变化（见图 4–15）。在视线以上的斜面使空间显得比同样高度的方形空间低矮而使人感到亲近，同时也带来空间的透视感，引人视线向上。在视线以下的斜面常常具有功能上较强的引导性，如斜的坡道等。这些斜面具有一定动势，使空间不至于呆滞，而变得富有流动性。

图 4–15　空间中的斜面

在空间中，曲面同样也很常见，曲面可以是水平方向的（如贯通整个空间的拱形顶），也可以是垂直方向的（如悬挂着的帷幕、窗帘等）。曲面常常与曲线联系在一起共同为空间带来变化，作为限定或分隔空间的曲面比直面的限定性更强（见图 4–16）。曲面内侧的区域感较为明显，人可以有较强的安定感和私密感，而在曲面外侧的人会更多地感受到曲面对空间和视线的导向性。通常曲面的效果更多的是流畅舒展，富有弹性和活力，为空间带来流动性和明显的方向性，引导人们的视线与行为。

图 4–16　空间中的曲面

面给人的心理感受主要是一种范围感，面是由形成面的边界线所确定的。面的色彩、质感等要素也将影响到面在人们心理感受上的重量感和稳定感。

四、体要素

“体”在几何学中具有长、宽、高三维的形体等基本含义（见图 4–17）。从概念上讲，一个体有三个量度，即长度、宽度和深度。在形态构成中，体可以看成是点的角点、线的边界、面的界面共同组成的，这在直面体中体现得尤为明确。然而，在体的另一种基本类型——曲面体中，角点、边界和界面却并不存在。形态中的各种体要素除实体、虚体以外，由于人们视觉上的感受不同，又会形成点化的体、线化的体和面化的体。点化的体是指体与周边环境相比较小时就形成了点的感觉。线化的体是指体的长细比值较悬殊时就形成了线的感觉。面化的体是指体的形状较扁时就形成了面的感觉。

体可以是规则的几何形体，也可以是不规则的自由形体(见图 4-18)。在公共

图 4-17　体的构成

图 4-18　空间中的柱体

空间中，体为较规则的几何形体以及简单形体的组合。体的内部空间构成物，主要有结构构件、构造节点、家具、雕塑、墙面凸出部分以及陈设品等。当然这是相对的，若空间尺度很大，上述因素就可能变成线或点了。但无论如何，若体占据了很多"虚的体"，即空间，体的感觉就很明显了。

"体"常常与"量""块"等概念相联系，体的重量感与其造型，各部分之间的比例、尺度、材质甚至色彩等有关。体有许多组合与排列方式，基本上与前面提出的点的排列与组合类型相似，如成组、对称、堆积等。有时一个体(或多个体组合)的某一个面作为视觉观察的主要面，其他方向不易看到，在分析造型的视觉效果时也可以把这类体看成是面要素，当然，这要视具体情况而定。

体给人的心理感受：由完全充实的面围合的实体给人以坚实感、封闭感；而由较多虚空的面围合而成的虚体则给人以轻盈感和通透感。

第三节　基　本　形

基本形是由基本要素构成的具有一定几何特征的形体。一般来说，**形体越是单纯和规则，则越容易为人感知和识别**。由于规则基本形为人们所熟悉，并且具有一定的规律性，所以在形态构成中，常常将规则基本形作为基本单元来构成更为复杂的形态。当然，除了规则基本形，还有不规则基本形，而且这种不规则基本形大量存在于我们的生活环境中。虽然对不规则

基本形的构成规律，以我们的视知觉目前还无法掌握，也难以用语言进行归纳和总结，但我们却不能视而不见。

一、规则基本形

规则基本形是基于单纯几何学的形体，故有的学者把这种形体称为“单纯几何学”。对规则基本形的研究和使用，历来受到人们的重视。柏拉图早已列出了正四面体、正六面体、正八面体、正十二面体、正二十面体这五种正多面体，后人把这五种几何形体称为“柏拉图立体”(见图 4-19)。下面对几种规则基本形的特性

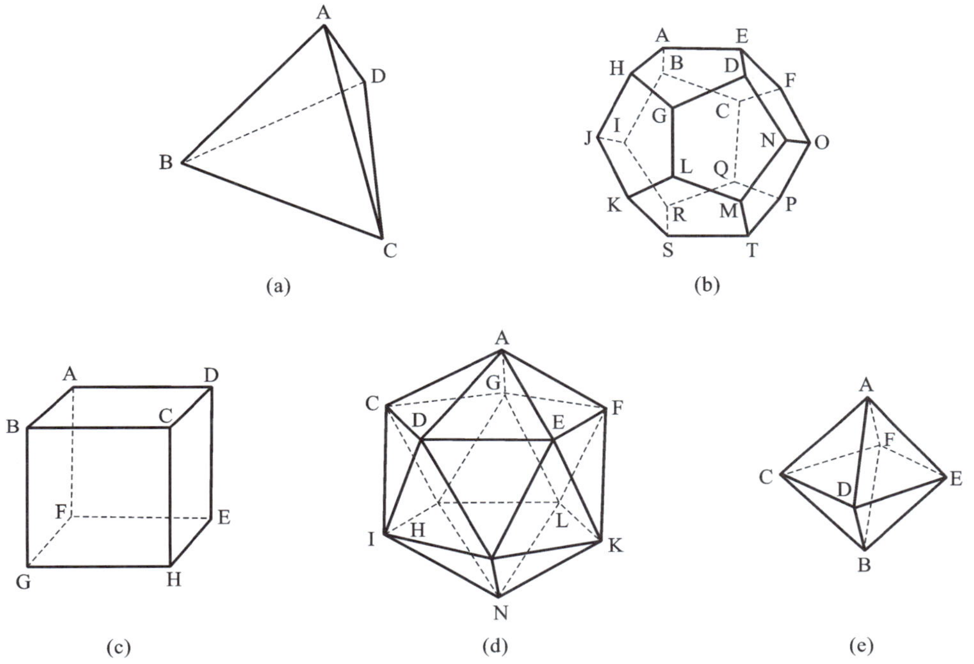

图 4-19 柏拉图几何体

作简要讨论。

(1) 球体基本形。球体是一个高度集中性、内向性的形体(见图 4-20)。在球体基本形所处的环境中，可以产生出以自我为中心的感觉，通常情况下呈十分稳定的状态。圆柱体是一个有轴线并呈向心性的形体。当轴线水平或垂直时，圆柱体呈静态感；而当轴线倾斜时，圆柱体则呈不稳定感。

(2) 锥体基本形。锥体有圆锥体、三角锥和四角锥等不同形体(见图 4-21)。圆锥体是一个以等腰三角形的垂直轴线为中轴旋转而成的形体。当圆锥体以圆形为基面时，圆锥体是一个十分稳定的形体；而当垂直轴线倾斜时，圆锥体则是一个不稳定的形体。三角锥体或四角锥体所有的表面都是平面，所以这类锥体是在任一表面上都显得比较坚挺。

(3) 方体基本形。方体有正方体、长方体等不同形体。正方体由于各边线及各个面的量度均相等，所以正方体是一个缺乏运动感或方向性，呈静止状态的形体。

图 4-20　球体的应用

图 4-21　锥体的应用

长方体则是有着明显的运动感或方向性，呈运动状态的形体。

规则基本形给人的心理感受：球形空间因各方均衡，使空间内部具有内聚性和强烈的向心性、包容性；半球形空间在具有球形空间特征的基础上，又增加了向上的膨胀感。圆柱形空间因轴线，使空间有向心性、团聚感；拱形空间可以看做是这种空间形式的派生体，有沿轴线聚集的内向性。锥形空间因向上不断收缩的透视特征，使空间具有强烈的上升感、方向感；圆锥形空间界面模糊而呈柔和感；三角锥形空间或四角锥形空间，其界面明确而呈坚挺感。正方形空间因各面均衡，使空间有庄重感和严谨感；长方形空间因有明显的运动感或方向性，使得水平长方体具有舒展感，垂直长方体具有上升感。

小贴士

关于基本形，阿尔伯蒂通过研究认为，圆形是最完美的，并且提出了正方形、六边形、八边形、十边形、十二边形这样的向心性的形状，进而推荐了由正方形派生出来的三个长方形。即使到了20世纪，单纯几何学仍然受到许多建筑师的青睐。勒·柯布西耶(Le Corbusier，1887—1965)认为："……立方体、圆锥体、球体、圆柱或者金字塔式棱锥体，都是伟大的基本形式，它们明确地反映了这些形状的优越性。这些形状对于我们是鲜明的、实在的、毫不含糊的。由于这个原因，这些形式是美的，而且是最美的形式。"

二、不规则基本形

规则基本形一直被人们研究和使用。一般来说，规则基本形是以一种"有序"的方法来组织各个局部以及局部与整体之间的关系，在人们视觉的直观感受上，常以一条或多条轴线形成对称式构图，在人们视觉的心理感受上，呈静态的稳定的状态。不规则基本形则正好相反，是以一种"无序"的方法来组织各个局部以及局部与整体之间的关系，在人们视觉的直观感受上，常采用不对称式构图，在人们视觉的心理感受上，呈动态的不稳定的状态(见图4-22、图4-23)。当然，在更为复杂的空间构成中，规则基本形与不规则基本形既可以独立使用，又可以相互组合使用。

图 4-22　不规则基本形（一）

图 4-23　不规则基本形（二）

第四节　空间限定要素

一、水平要素

在公共空间中，**水平要素常以面或线面的形式来体现**，但主要还是**以面为基本特征**。

1. 基面

具体到实际公共空间中，为了使一个水平的面可以被当做一个图形，因此在水平面的表面上，必须在色彩或质感上赋予面可以感知的变化（见图 4-24）。这样，水平的面界限就越清晰，它所划定的范围就会表示得更明确，界限内的空间领域感就显得愈加强烈，虽然在这个已经限定的领域里人们的视觉是可以流动的。因此，在公共空间中常常用对基面的明确表达，使之划定出一个空间领域，以表示明确的功能分区。

(1) 基面抬起。

抬高基面的局部，将在大空间范围内创造一个空间领域，沿着抬高面的边缘高度变化，限定出这一领域的界限（见图 4-25）。人们在这个小领域内的视觉感受，将随着抬起面的高度变化而变化，如果将边缘用形、色彩或材质加以变化，那么，这个领域就具有多种多样的性格和特色了。

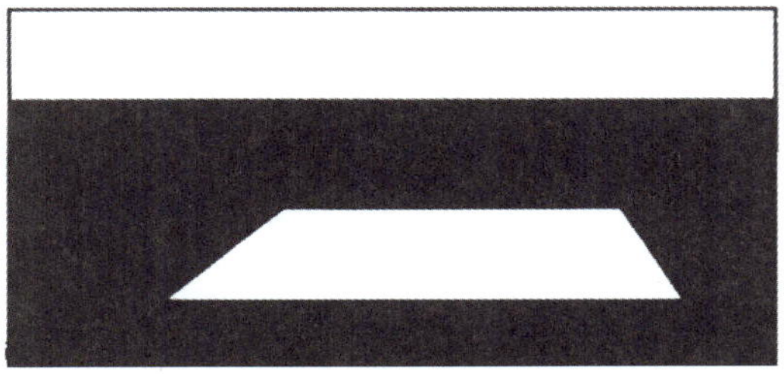

图 4-24　基面

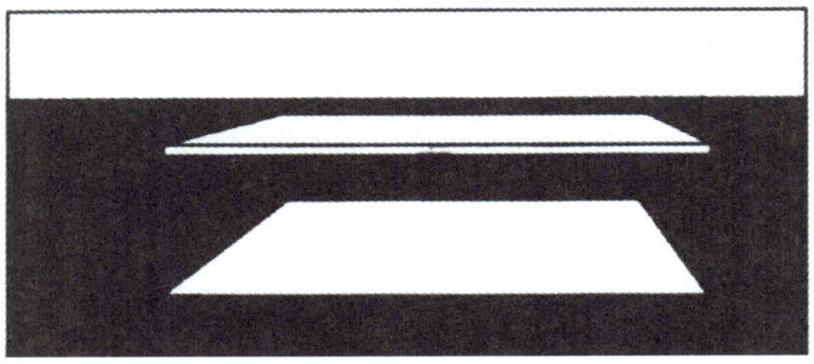

图 4-25　基面抬起

抬高的空间领域与周围环境之间的空间和视觉连续的程度，是依赖抬高的尺度变化而维系的。一般存在下列几种可能性。①抬起高度只相当于几个踏步高，这时范围的边缘虽然得到良好的限定，但视觉及空间的连续性仍然不受影响，继续得到维持，人们感觉也较易接近。②当抬起高度稍低于正常人的高度时，某些视觉的连续性尚可以得到维持，但空间的连续性就被中断了，人们进出要借助于楼梯或高踏步。③当抬起高度超过了正常人的高度许多时，无论是人们的视觉还是空间的连续性都被中断了，所抬高的面对于下面的空间来说完全变成了顶面要素，这时一个空间夹层便应运而生了。

(2) 基面下沉。

基面下沉也可以明确一个空间范围，这个范围的界限，可以用下沉的垂直表面来限定(见图 4-26)。这些界限与面抬起的情况不大一样，它们不是靠心理暗示形成的，而是可见的边缘，并开始形成这个空间领域的“墙”。实际上，基面下沉与基面抬起也是“形”与“底”的相互转换。若基面下沉的位置沿着空间的周边地带，那么，中间地带就成了相对的“基面抬起”。

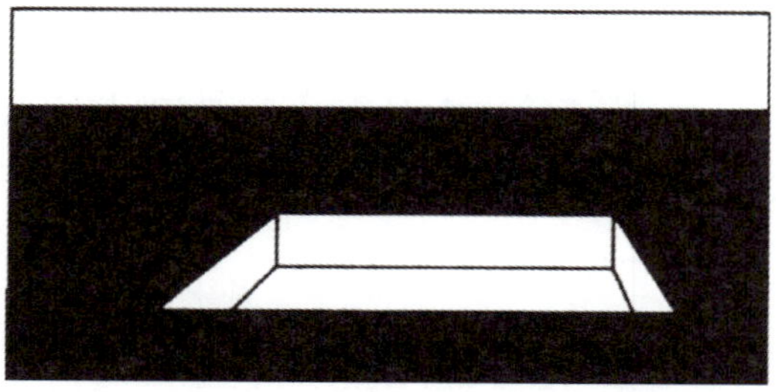

图 4-26　基面下沉

基面下沉的范围和周围地带之间的空间连续程度，取决于深度变化的尺度。增加下沉范围的深度，可以削弱该领域与周围空间之间的视觉关系，并加强该领域作为一个不同空间体积的明确性。一旦下沉到使原来的基面高出人们的视平面时，下沉范围实际上本身就变成了一个独立的“房间”。

2. 顶面

一个顶面可以限定其本身和地面之间的空间范围。由于这个范围的外边缘是顶面的外边缘所界定的，所以其空间的形式由顶面的形状、尺寸以及距地高度所决定。利用垂直的线要素，如柱子来支撑顶面，这些线要素将有助于从人们的视觉上形成界定空间的界限。同样，如果顶面下的基面，通过高差变化的处理，那么限定空间体积的界限将会在视觉上得到加强。

空间的顶棚面，可以反映支撑作用的结构体系形式。较常出现的是：空间的顶棚面也可以与结构分离开，形成空间中视觉上的积极因素。顶棚的各种不同形式如同基面一样，顶棚也可以经过多种处理，划分空间中的各个局部空间地带，通过下降或升起以改变其空间尺度。当然，也可以使顶棚变成相互间隔的特殊造型，强化空间氛围和趣味性，有时甚至可以使顶棚与墙面自然连成一个整体，造成一种奇特效果。实际上，顶棚面的形式、色彩、材质或图案，都能影响到空间的整体效果(见图 4-27、图 4-28)。可见，在功能允许的前提下，对顶棚面的设计发挥余地较大。

图 4-27　顶面设计(一)

图 4-28　顶面设计(二)

水平要素给人的心理感受：平面与背景的高度变化在人们视觉感受方面起着较大的作用。下沉或抬起基面都可以加大平面与背景的分离感，从而使空间的领域感增强。同时，随着下沉基面深度的增加，空间的内向性感受加强；而随着抬起基面高度的增加，空间的外向性感受则加强。

二、垂直要素

垂直的形体在视觉范围内通常比水平的面更为活跃。因此，垂直的形体是限定空间体积以及给人们提供强烈的围合感的一个手法。垂直要素可以用来起承重作用，还可以控制公共空间环境之间的视觉及空间的连续性，同时还有助于约束公共空间的气流、采光和音响，等等。

1. 垂直线要素

垂直的线要素，最易理解的就如一根柱子(见图 4-29、图 4-30)，柱子在地面上确定一个点，而且在空间中令人注目。若是一根独立的柱子，这根柱子是没有方向性的，但两根柱子就可以限定一个面。一根柱子会明确围绕这根柱子的空间，并且与空间的围护物相互影响。柱子本身可以依附于墙面，以表明墙的表面；柱子也可以强化一个空间的转角部位，并且减弱墙面相交的感觉；柱子在空间中独立，可以限定出空间中各局部空间地带。

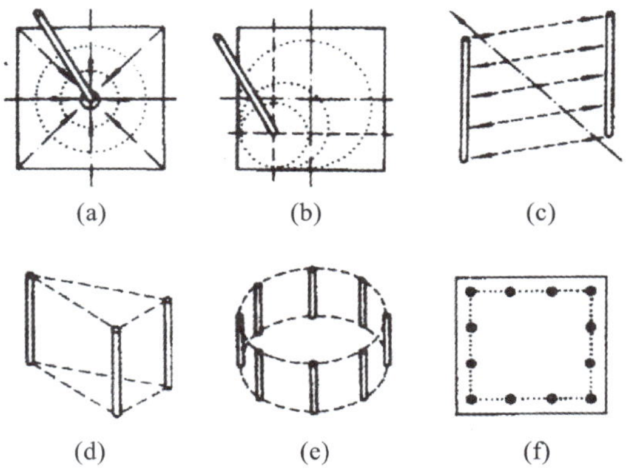

图 4-29 柱子形成的垂直线要素

图 4-30 柱子支撑顶面

没有转角和边界的限定，就没有空间的体积。而线要素就可以用于限定一种在环境中要求有视觉和空间连续性的空间。两根柱子限定出一个“虚的面”，三根或者更多的柱子，则限定出空间体积的角，这个空间界限保持着与更大范围空间的自由联系。空间体积的边缘，可以用明确该空间体积的基面和在柱间设计装饰梁，或用一个顶面的方法来建立上部的界限，从而使空间体积的边缘在视觉上得到加强。

垂直线要素可以用来终结一个轴线，标出一个空间的中心点，或者为沿其边缘的空间提供一个视觉焦点，成为一个象征性的要素。柱子形成的垂直线要素，强化了空间体积的边缘。

2. 垂直面要素

以独立的垂直面为例，垂直面单独直立在空间中，其视觉特点与独立柱截然不同。可以把垂直面当做无限大或无限长的面的一部分，是穿越和分隔空间体积的一个片断(见图 4-31)。

图 4-31　垂直面

单一垂直面的两个表面，可以完全不同。面临着两个相似的空间，垂直面的两个表面在形式、色彩和质感上不同，以适应或表达不同的空间条件。最常见的是室内的固定屏风，或四合院入口处的照壁，既能使空间有一个过渡，又能使屏风具有装饰性，成为空间的焦点或观赏特征。

单一垂直面并不能完成限定其所面临空间范围的任务，只能形成空间的一个边缘。为了限定一个空间体积，单一垂直面必须与其他的形式要素相互起作用。这就牵涉到面自身的比例、尺度与空间及其他形式要素的关系。同时，单一垂直面的高度影响到面从视觉上表现空间的能力。面的高低，对空间领域的围护感起着很大作用，面的表面色彩、质感和图案将影响到我们对面的视觉分量、比例和量度的感知。

第五节　案例分析

下面对健身事务所进行分析。该健身事务所以“工业风”的装修来呈现一个很酷的健身空间。组成元素有：粗犷又极具质感的清水混凝土制作的前台、楼梯踏步，不上油漆的生锈铁件，用黑、黄相间的钢丝绳吊着的悬空楼梯，用集装箱板做成的隔断和背景，满墙的立体感涂鸦，极具科技感和神秘感的绿色灯光点缀，用铁网做成的墙面装饰和隔断。

空间里巧妙地将前台和楼梯做了组合，利用前台的延伸段做成的楼梯踏步之一，节省了功能应占据的空间，并利用悬空的楼梯下方空间作为前台工作人员储藏杂物和器械的地方；对男女更衣室和卫生间做了上下楼的分离，保证会员的隐私，并打通更衣室和卫生间，增加了汗蒸室。大量使用水泥抹灰的墙面和铁丝网、镀锌方管、木桩等随处可得的装饰材料，让健身房看起来更亲切（见图 4-32 ~ 图 4-46）。

图 4-32　健身事务所（一）

图 4-33　健身事务所（二）

图 4-34　健身事务所（三）

图 4-35　健身事务所（四）

图 4-36　健身事务所（五）

图 4-37　健身事务所（六）

图 4-38　健身事务所（七）

图 4-39　健身事务所（八）

图 4-40　健身事务所（九）

本／章／小／结

本章介绍了公共空间设计的形态要素、基本要素、基本形及空间限定要素，并列举了这些要素在实际设计中的应用。作为设计师，需尽全力创造与现代新生活相适应的活动场所，创造形形色色的延续城市空间、汇入城市历史文化的公共活动空间，为人们提供各种科学合理、高效便捷、舒适清新的公共空间环境。

思考与练习

1. 公共空间设计的形态要素包括哪些部分？分别指什么？

2. 公共空间设计的基本要素有哪些？举例说出生活中公共空间应用了这些要素。

3. 观察身边的空间里哪些是规则的形体，哪些属于不规则的形体。

4. 留心观察身边的公共空间中，哪些地方应用到了垂直要素。

5. 分析、比较各个要素在空间中的作用给人带来的感受。

第五章

公共空间环境设计

学习难度：★★☆☆☆

重点概念：色彩　声音　光照　温度　质地

章节导读

公共空间的环境设计直接或者间接作用和影响人们在公共空间的活动。从广义上来说，它是指一定组织机构的所有成员所处的大环境；从狭义上说，公共环境是指一定范围内人们活动的环境。本章从公共空间内的色彩、声环境、光环境、热环境和质地环境五大方面来讲述公共空间的环境设计（见图5-1）。

图 5-1　公共空间夜景

第一节　公共空间中的色彩

色彩是空间语言中重要且最具表现力的要素之一。当论及色彩时，我们并不只是指视觉现象的一个特殊的方面，而是指一个专门的知识体系，比如，空间艺术常用的表色体系是**蒙赛尔色彩体系**，公共空间的色彩已成为公共空间设计市场竞争的重要因素，甚至是决定性因素。色彩变化发展的规律是由简单走向复杂，由低级走向高级，同时又像色相环一样循环变化(见图 5-2)，在公共空间的设计中，应重视色彩对人们的心理和生理的作用。

图 5-2　色相环

一、色彩对比

色彩的对比，是指色彩之间存在的矛盾。各种色彩在构图中的面积、形状、位置和色相、纯度、明度以及对人们心理刺激的差别构成了色彩之间的对比(见图 5-3、图 5-4)。这种差别愈大，对比效果就愈明显，缩小或减弱这种差别，对比效果就趋于缓和。从一定意义上讲，装饰色彩的配合都带有一定的对比关系，因为各种色彩在构图中并不是孤立出现的，而总是处于某种色彩的环境之中，因此色彩对比作用在色彩构图中是客观存在的，不过在表现形式上时强时弱。装饰色彩诱人的魅力常常在于色彩对比因素的妙用。

1. 色相对比

色相对比是指利用各色相的差别而形成的对比。色相对比的强弱可以用色相环上的度数来表示。

2. 续时对比

续时对比是指先看了某种颜色，然后接着看另外一种颜色时产生的对比。

图 5-3　色彩对比（一）

图 5-4　色彩对比（二）

3. 同时对比

同时对比是指当相同明度的灰色分别与黑和白同时作对比时，与黑并置在一起的灰色显得亮一些，而与白并置在一起的灰色显得暗一些。

4. 纯度对比

纯度对比是指当无彩色系的灰色与鲜艳的色彩同时对比时，灰色就会显得更加灰，鲜艳色则显得更加艳。

5. 冷暖对比

冷暖对比是指当暖色与冷色同时对比时，暖色就会显得更加暖，冷色显得更加冷。

6. 面积对比

面积对比是指面积大小不同、颜色不同的色彩配置在一起，面积大的色彩容易形成基调，面积小的色彩容易突出，形成点缀色。

二、色彩调和

色彩调和的主旨在于追求悦目、和谐的色彩组合，使之规律化。但是色彩的调和规律并非一成不变，因此难以笼统地断言哪种色彩调和最美、效果最明显，就这一意义而论，可以说色彩调和只是一般规定色彩之间协调规律的方法，是色彩之间协调的理论基础。

1. 无彩色调和

明度在 11 级明度色阶中的间隔中看，近看不需过于对比，可以采用小间隔，即弱对比，1、3、5、7、9 或 1、4、7、10 等。如果远看就不要过于含蓄，需大间隔，即强对比，如 1、6、10 或 1、7 等。无彩色系与有彩色系调和最容易，不需考虑色相，因为任何有彩色与无彩色都调和，但必须考虑色阶明度对比要大一些，一般要在 5 度以外（见图 5-5）。

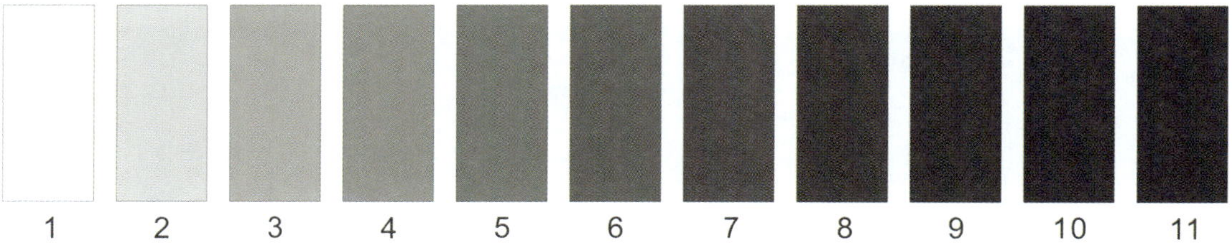

图 5-5　无彩色调和

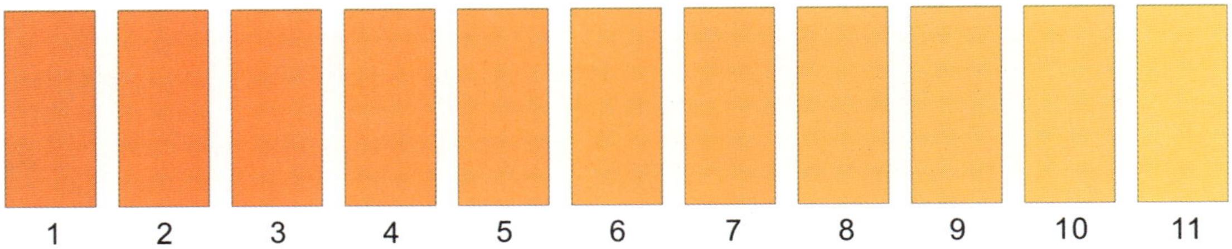

图 5-6　同色相调和

2. 同色相调和

在考虑色阶明度的对比和色彩纯度对比时，间隔不需过大，可以用小间隔法，如 1、3、5、7、9 或 1、4、7、10 等，远看需大间隔（见图 5-6）。

3. 邻近色调和

邻近色的变化十分微妙，需要有主次关系，又要有变化纯度。明度上也要用小间隔以外的办法，即弱对比和中对比。远看需要长对比。

4. 类似色调和

类似色是指色彩本身在色相上就有一定的弱对比关系，也就是说具有一定的调和因素，类似色调和是比较容易处理的，只要稍注意纯度，多注意明度即可。明度处理同前。

5. 对比色调和

对比色调和的原因是色彩在色相上属强对比。调和的方法有：利用面积调和法，即大面积冷对小面积暖；用聚散调和法，即冷聚热散；利用中性色作间隔法，如黑、白、灰；利用间色序列推移法，降低双方或一方纯度，提高一方明度。

6. 互补色相调和

互补色相调和属色相中的强对比。其调和方法与对比色调和相同。

三、色彩的特性

1. 色彩的冷暖

外界物体通过表面色彩可以给人们或温暖或寒冷或凉爽的感觉，一般说温度感觉是通过感觉器官触摸物体而产生的，与色彩不相关。可事实上，各类物体确实借助五彩缤纷的色彩给人一定的温度感觉。

以往有关色彩冷暖的实验多从色彩对视觉的影响入手，这些实验证明，色调直接影响人对色彩的冷暖感觉：红、橙、黄等颜色使人想到阳光、烈火，故称为暖色（见图 5-7）；绿、青、蓝等颜色与黑夜、

图 5-7　暖色调

寒冷相联系，故称为冷色（见图 5-8、图 5-9）；红色给人积极、跃动、温暖的感觉；蓝色给人恬静、消极的感觉；绿与紫是中性色彩，刺激小，效果介于红与蓝之间，中性色彩使人产生休憩、轻松的情绪，可以避免产生疲劳感。

人对色彩的冷暖感觉基本取决于色调，所以按暖色系、冷色系、中性色系的分类划分法比较妥当。然而，严加分析则不难发现有些颜色既属于暖色系也属于中性色系，色彩的冷暖归属不能一概而论。从色彩的特性考虑，暖色系色彩的饱和度愈高，其温暖的特性愈明显，而冷色系色彩的亮度愈高，其寒冷的特性愈明显。空间设计利用色彩的温度感来渲染环境气氛会起到很好的效果。

图 5-8　冷色调（一）

图 5-9　冷色调（二）

2. 色彩的重量

假设现有一黑一白两方体，形状、体积、重量完全相同。黑色方体则显得重量大一些，白色方体则显得重量小一些。色彩性质对空间亦有很大的影响。浅色的空间给人明朗、轻快、扩充的感觉；深色空间则给人沉着、稳重、收缩的感觉。以上这些现象表明，各种色彩给人的轻重感迥然有异，人的视觉从色彩得到的重量感是质感与色感的复合感觉。浅色密度小，有一种向外扩散的运动现象，给人质量轻的感觉。深色密度大，给人一种内聚感，从而产生分量重的感觉。在公共空间设计中，为了达到安定、稳重的效果，宜采用重感色，如将设备的基座及各种装修台座涂上重颜色（见图 5-10）。为了达到灵活、轻快的效果，宜用轻感色，如悬挂在顶棚上的灯具、风扇，车间上部的吊车，涂上轻颜色（见图 5-11），通常室内的色彩处理多是自上而下，由轻到重。

图 5-10　黑色矮桌

图 5-11　浅色凳子

四、空间中色彩的知觉效应

1. 距离感

色彩的距离感觉，以色相和明度影响最大，一般高明度的暖色系色彩感觉凸出、扩大，称为凸出色或近感色；低明度的冷色系色彩感觉后退、缩小，称为后退色或远感色。如白和黄的明度最高，凸出感也最强；青和紫的明度最低，后退感最显著。但色彩的距离感也是相对的，且与背景色彩有关。如绿色在较暗处也有凸出的倾向。在公共空间设计中，常利用色彩的距离感来调整室内空间的尺度等感觉效应（见图5-12）。

2. 空间感

有色系的色彩刺激，特别是色彩的对比作用使感受者产生立体的空间知觉，如远近感，进退感（见图5-13）。其原因有两方面。一是视色觉本身具有进退效应，即色彩的距离感，如在一张纸上贴上红、橙、黄、绿、青、紫的六个实心圆，可以发现红、橙、黄三圆有跳出来之感。二是空气对远近色彩刺激的影响，远处的色彩光波因受空气尘埃的干扰，有一部分光被吸收而未全部进入视感官，色彩的纯度和知觉度受到影响，使人们视觉获得的色彩相对减弱，从而形成了色彩的空间感，如远处的树偏蓝，近处的树偏绿。实验还表明，在室内空间环境不变的情况下，若改变空间色彩，结果发现冷色系、高明度、低彩度的室内空间显得开敞，反之显得封闭。

图 5-12　色彩的距离感

图 5-13　色彩的空间感

3. 尺度感

因受色彩冷暖感、距离感、色相、明度、彩度，对空气穿透能力及背景色的制约，并产生色彩膨胀与收缩的色觉心理效应，即尺度感(见图 5-14、图 5-15)。通常暖色、近色、兴奋色、明度高、彩度大和以暖色为背景、暗色背景、黑色背景的色彩，易产生色觉膨胀感，反之，会使色觉产生收缩感。色彩从膨胀到收缩的顺序是：红、黄、灰、绿、青、紫。形成或改变色觉膨胀感以平衡其色觉心理的主要方法是变换色彩宽度。在公共空间设计中，同样大小的构件，若为黑色就显得小一些。

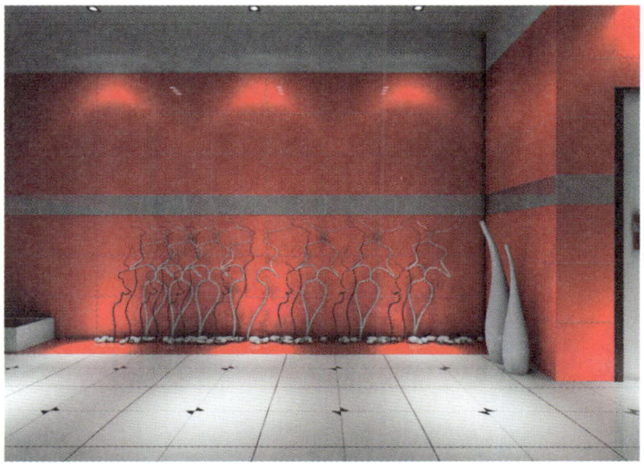

图 5-14　尺度感(一)

图 5-15　尺度感(二)

4. 混合感

将两种不同色彩交错均匀布置时，从远处看去，呈现这两种色的混合感觉。在建筑色彩设计中，要考虑远近相宜的色彩组合，如黑白石子掺和的水刷石呈现灰色，青砖勾红缝的清水墙呈现紫褐色，等等。

5. 明暗感

色彩在照度高的地方，明度升高，彩度增强，在照度低的地方，则明度感觉随着色彩的变化而改变(见图 5-16)。一般绿、青绿及青色系的色彩显得明亮，而红、橙及黄色系的色彩显得发暗。空间内部配色的明度对室内的照度及照度分布影响很大，由于照度不同，色彩效果也不同，故可以应用色彩(主要是明度)来调节室内照度及照度分布。

图 5-16　空间的明暗感

第二节　公共空间中的声环境

在人们的日常生活、学习和工作中，经常会遇到许多声音方面的问题。例如，在礼堂中听报告听不清楚，在剧场内很好的座位上看表演，但听得很吃力，等等。凡此种种，说明在工业与民用建筑及城市规划中，存在着一系列需要解决的声学问题。所以学习和运用这方面的知识，对做好空间设计工作是十分必要的。

一、声环境的基础

在公共空间声环境中，声学是声音的设计基础。人们通常用听觉器官感知声音。对任何事物的理解主观上都有喜恶之分。**声音的主观感受不仅定义了音乐与噪声的**

差异，也说明了与之沟通的空间的品质。这个领域有许多实用的分支，包括噪声控制、心理声学（声音对人的心理影响）、生理声学（声音对人身体的影响）、生物声学（声波应用于医学诊断）和建筑声学等。

1. 建筑声学

建筑声学在公共空间环境中有着重要的地位。从声波的来源探讨空间声学是最合理的开始。当弹性介质中以多种速率产生能够被人们听觉器官感知的压力振动时，声音就产生了。声音的产生是物理现象，而噪声是声音的一种主观感受，影响人们工作、学习、休息的声音都称为噪声。对噪声的感受因各人的感觉、习惯等而不同。一般来说，人们将影响人的交谈或思考的环境声音称为噪声。

如果压力振动源位置固定（相对于固定观察者）且物理尺寸小于声源与观察者之间的距离，我们称之为点声源。如果该声源以恒定速率振动，便产生纯音。可以用单一频率或单一振动速率描述该声源。频率单位称为赫兹（符号为 Hz）。自然界中纯音很少存在，多数声音包含许多可听频率。

人类的可听频率范围是 20 ～ 20000Hz。在这个频率范围内，我们最敏感的频率成分在 500 ～ 4000Hz 之间。这并非偶然，这个频率范围与人类所发出的声音的主要频率范围是一致的。尽管我们中的多数人可以听到 20 ～ 500Hz 的低频声和 4000 ～ 20000Hz 的高频声，但人们的听觉器官对这些声音不敏感。频率低于 20Hz 的声音称为次声波。尽管多数人听不到这些频率的声音，但由于人们的内部器官在 5 ～ 15Hz 频率范围内产生共振，因此能感受到振动。声波的波长与频率成反比，换句话说，当频率减小时波长增加，频率增加时波长减小。声速是声音传播的速度。声速依赖于声波传播过程中介质的密度（例如，空气、水或固体材料）和温度。控制声音时考虑这些因素是重要的。因为只有声波波长小于隔墙尺寸时，隔墙才能有效地隔声。对于反射和降噪也是一样的。

点声源向各个方向传播的声能是相等的，其辐射图谱类似以声源为中心的球形。如果声源是火车或是高速公路上稳定的交通流，就不适合看成点，更适合看成线，其辐射图谱类似于柱面（如果声源在地面，则为半柱面），这类声源称为线声源。

2. 听觉过程

声学只有通过人们对声音加以解读才有意义，因此了解人的听觉器官，对全面了解声学这门科学是有帮助的。人的耳朵一般分为外耳、中耳、内耳。外耳的职责是将聚拢的声波送入其他听觉器官（见图 5-17），如果我们头上没有耳廓，我们周围多数的声音会听不到。声波通过耳道作用于耳鼓膜（也就是医学领域所称的鼓室隔膜）。耳鼓膜是听觉机制的第一关，耳鼓膜将声能转换成另一种能量形式，进而传到大脑中心进行翻译。耳鼓膜也是外耳的终止点。外耳本身是一个圆柱形通道，一边开口于耳廓而另一边终止于耳鼓膜。类似一个管乐器，根据其尺寸对特定频率的声音产生调谐作用。典型的人耳耳道长

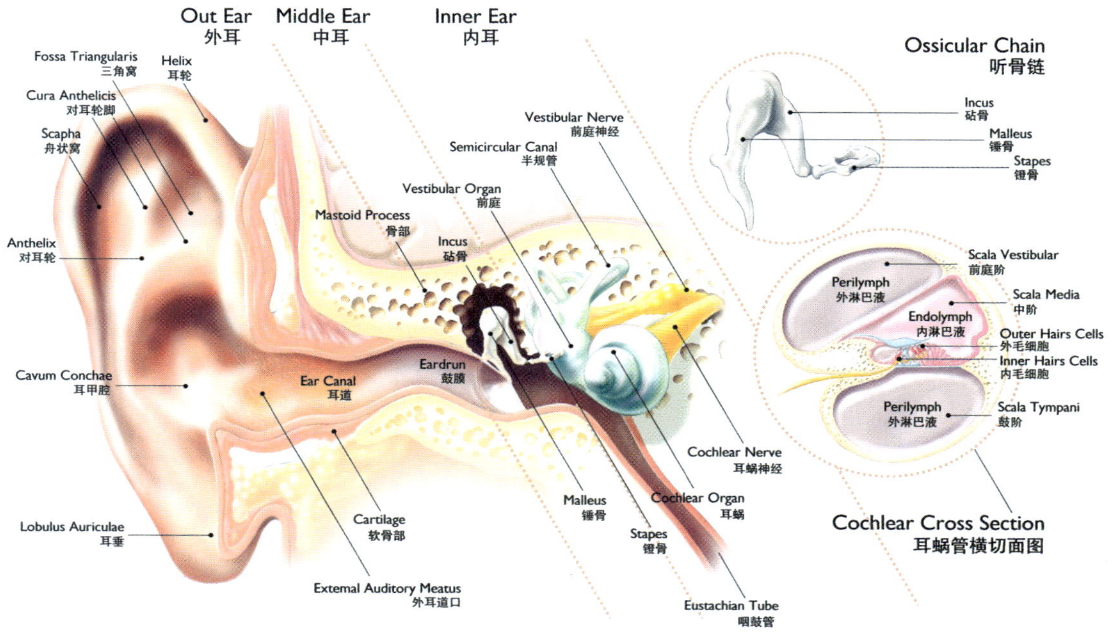

图 5-17　人耳的构造

2.5 ～ 3cm，同样长的管乐器的共振频率范围在 2000 ～ 3000Hz 之间，因此，这应是我们最敏感的频率范围。

实际上我们的外耳将这一范围的声音放大。这样既有优点又有缺点，优点是 2000 ～ 3000Hz 频率范围是人类语言频率的上限，在人们发出的辅音中占主导地位，可以帮助人们彼此交流。缺点是人们在这一频率范围存在最先失去听觉敏感性的趋势，使交流更困难。暴露在高声压级中，会使这一频率范围内的听觉敏感性受到损伤，甚至失去听觉。

声波继续前行，带动耳鼓膜振动，进入中耳。耳鼓膜振动由中耳室空腔中三块小骨（称为听骨）继续传递。锤骨、砧骨和镫骨将耳鼓膜的振动传到卵圆窗，卵圆窗是内耳的入口。关于中耳功能有一点值得说明，这三块骨头的作用是调整音量使其适合内耳器官。也就是说，如果声压级很高，连接这些骨头的肌肉使它们分开，减少进入内耳的声音强度。对于脉冲声，这种反射是无效的，因为这一类型声音发生的速度远大于器官自我保护反应的速度。

中耳的空腔通常与外部世界密封隔绝，当压力改变直到中耳密封被打破时，人体才会感受到。这种压力的不平衡源自海拔高度的改变，耳鼓膜后部会有受压的感觉。中耳和外部的世界唯一的连接是咽鼓管，咽鼓管连接中耳到咽喉。当吞咽或打呵欠时密封结构打开，使中耳的压力减至正常。一旦声能到达卵圆窗，将引起卵圆窗的振动。被称为蜗形管的充满液体的螺旋形器官随后产生波动，类似于海洋的波动。蜗形管上排列着微小的、毛发似的细胞，在液体中波动。这些毛细胞的波动，将机械能转换成电能，并将这些电信号传送至听觉神经。听觉神经将来自于全部毛细胞的电信号传送至大脑，并在大脑中进行处理，进而理解为声音。整个听觉过程仅用毫秒即可完成。

3. 声传播方向的改变

声波通过四种现象改变传播方向：反射、折射、衍射、漫射。当声波传播过程中介质发生改变时，这些现象就产生了。声波传播与光学遵循同样的物理原理，光和声所不同的是频率范围。可见光的频率范围是 16×10^{9} ~ 28×10^{9} Hz。可听声的频率范围是 20 ~ 20000Hz。

(1) 反射 (见图 5-18)。当声波进入密度有明显改变的介质时，一些能量被反射。如同镜子对光的反射一样，入射角等于反射角。声波也是入射角等于反射角，典型的反射面是光滑且坚硬的表面。室内声学中，常由声音反射引起的声学问题是回声和房间共振。听觉器官在听觉过程中的局限性导致回声。当两个声音到达时间相差不到 60ms，我们听到由这两个声音合成的一个声音。当时间差超过 60ms，我们听到两个截然不同的声音。当这两个声音来自同一声源，且到达时间超过 100ms 时，其作用我们称之为回声。两个反射墙彼此平行的房间内，将在某些特殊频率产生房间共振。在这种情况下，两墙之间的距离是特定半波长的整数倍。因为墙的表面反射声音，在房间两墙之间的镜面反射形成固定的压力模式。这种现象称为驻波，这种形式是最简单的房间共振。此外也可以在二维空间或三维空间形成更复杂的驻波，我们分别称为切向驻波和斜向驻波。驻波在设计中产生的问题是驻波在室内产生不均匀的声音分布。即在一些地方声压级高而另一些地方声压级低。

(2) 折射。正像光通过棱镜会弯曲，介质条件发生某些改变时，虽不足以引起反射，但声速发生了变化 (见图 5-19)，声波传播方向会改变。除了声速因材料或介质不同而改变外，在同样介质中温度改变也会引起声速改变。这种由声速引起的声传播方向改变称为折射。

(3) 衍射。声衍射原理限制了开敞式办公室隔断或室外噪声隔声屏障的声音衰

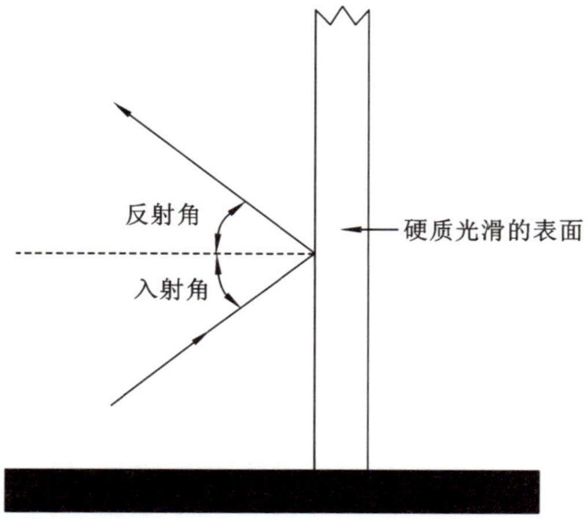

声波的反射

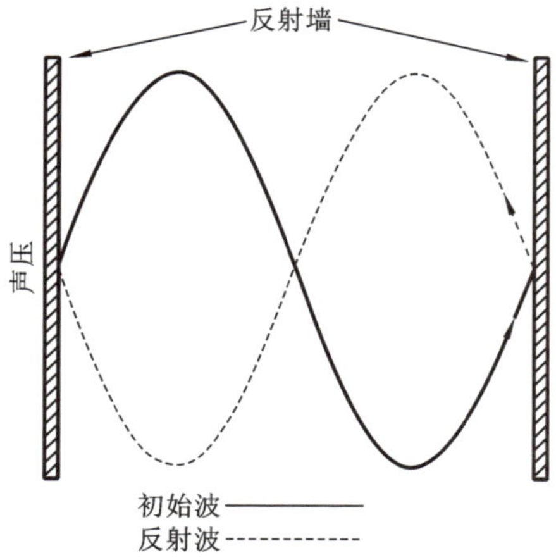

驻波的形成

图 5-18　反射

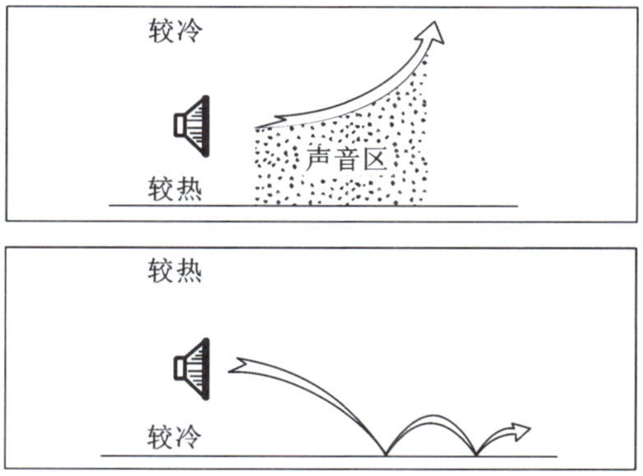

图 5-19　折射

减效果（见图 5-20）。声波沿墙体的周边弯曲并越过这些墙体。声衍射影响到降噪效果，而与隔断采用的材料无关。

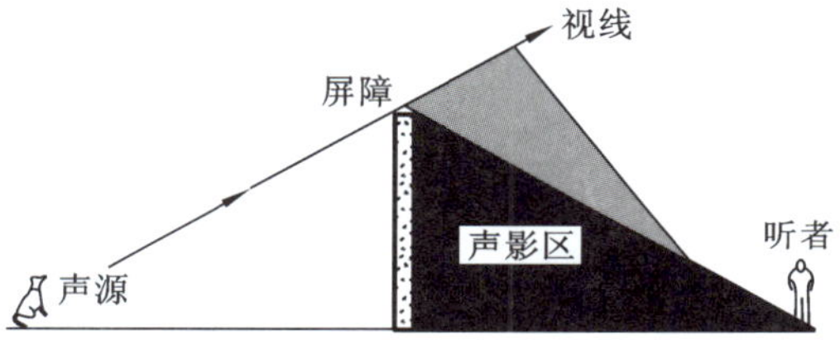

图 5-20　衍射

(4) 漫射。凸表面或不平坦表面反射声波时，反射声的传播要比被限制在固定方向上声传播均匀，这种现象称为声漫射（见图 5-21）。与漫射光一样，粗糙球形表面比光滑的球形表面更容易产生漫反射。尽管人们不希望出现因不连续反射而引起的回声，但房间中的这些声能也许并不希望被消除掉。

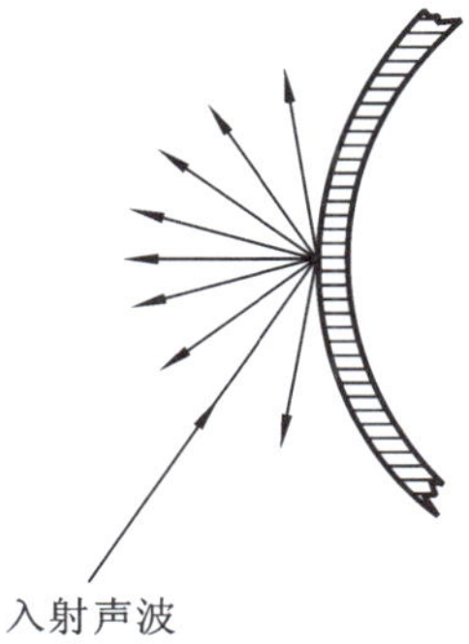

图 5-21　漫射

二、声环境设计

声环境设计是专门研究如何为建筑使用者创造一个合适的声音环境。声音是人类行为中重要的组成部分。人们可以听到的声音都属于声环境的范畴。从人的感受上声音分为两类：一类是舒适的，如音乐、歌唱、生活中的交谈等；还有一类是不舒适的，如噪声、爆炸声、刺耳的啸叫声等。有时舒适声音也会转换成不舒适的声音，声环境设计围绕着人的感受，在公共空间设计中做到降低不舒适声音（噪声）对正常工作、生活的干扰，即控制噪声。如何保证舒适的声音听清听好，即**空间音质**设计。

1. 噪声控制

对声源噪声的具体控制：通过改进结构，降低声源的噪声发射功率，利用声的吸收、反射、干涉等特性，采用吸声、隔声、减振等技术措施（见图 5-22），以及安装消声器等，以控制声源和噪声辐射。声波在传播过程中其能量是随距离的增加而衰减的，因此应使噪声远离安静区。声的辐射一般具有指向性，低频的噪声指向性差，频率增高，指向性增强。因此控制噪声的

图 5-22　隔音装置

传播方向(包括改变声源的发射方向)是降低高频噪声的有效措施。建立隔声屏障或利用天然屏障(土坡、山丘或建筑物),以及利用其他隔声材料和隔声结构来阻挡噪声的传播。对固体振动产生的噪声采取隔振措施,以减弱再生的传播。在城市建设中,采用合理的城市防噪规划,防止噪声对人的危害,可以在接收点佩戴护耳器,如耳塞、耳罩、防噪头盔等,减少在噪声中暴露的时间。

2. 空间音质设计

室内公共空间的音质设计是建筑声学设计中的一项重要内容。室内音质设计应在建筑设计方案初期就同时进行,而且要贯穿在整个建筑施工图设计、室内装修设计和施工的全过程中,直至工程竣工前经过必要的测试鉴定和主观评价,进行适当的调整、修改,才有可能达到预期的效果。

(1) 室内音质的主观评价为音质好坏的标准,也即听众、演唱者的主观感受。

(2)响度是指人们听到的声音的大小。足够的响度是室内具有良好音质的基本条件。与响度相对应的物理指标是声压级。

(3) 丰满度是指人们对声音发出后“余音”的感觉。在室外,声音感觉“干瘪”,不丰满,与丰满度相对应的物理指标是混响时间。

(4) 色度感是指对声源音色的保持和美化。良好的室内声学设计应保持音色不失真且对声源具有一定美化作用,如温暖、华丽、明亮,色度感相对应的物理指标主要是混响时间的频率特性以及早期衰减的频率特性。

(5) 空间感是指室内环境给人的空间感觉,包括方向感、距离感(亲切感)、围绕感等。空间感与反射的强度、时间分布、空间分布具有密切关系。

(6) 清晰度是指语言训练房间中,声音是否听得清楚。清晰度与混响时间具有直接关系,还与声音的空间反射情况及衰减的频率特性等综合因素有关。

(7) 声学缺陷是指回声、颤动回声、声聚焦、声遮挡、声染色等影响听音效果及声音音质的缺陷。

三、各类公共空间的音质设计

各类建筑物,如音乐厅、各类剧场、电影院、多功能大厅、教室、讲堂、体育馆以及录音室等,对音质的要求各不相同,设计中要解决的问题也不同,要根据以上所阐述的原则和方法,结合实际灵活处理。另外,上述建筑物中还有许多附属房间,如门厅、休息厅、走廊等,这类附属房间对创造整幢建筑物的声环境也具有重要作用。如沉寂的门厅、走廊,会使人感到观众厅的音质更丰满,而混响很长的门厅、走廊,不仅会使整幢建筑物给人以嘈杂的印象,而且会影响人们对观众厅音质丰满度的感受。因此**应把整幢建筑物作为一个整体来进行声环境设计**。

音乐厅是交响乐、室内乐、声乐等音乐演出用的专用大厅。对混响时间的要求为:交响乐为 1.8 ~ 2.2s;民族乐 1.6s 较为理想;室内乐 1.7s 较理想。以一种功能为主,兼有其他功能的房间,可以采用以下两种方法改变混响时间:改变房间的体积;改变墙面的吸声量(开较多的窗户,要求混响时间长则关窗，要求混响时间短，可以把窗打开)。

剧院有歌剧院、戏剧院、话剧院等多种类型，其特点是有独立于观众厅的大舞台空间，多以镜框式台口与观众厅相连，一般还有乐池。剧院在体形上都应考虑使前次反射声均布于观众席。歌剧院是以满足歌唱与音乐演奏为主，混响时间应当较长，但略小于音乐厅。

在电影院内听声音，与在剧场内听音乐有所不同。电影录音的过程大致是在录音棚内用传声器拾音，然后经过一系列制作过程录在电影胶片上。观众在电影院内听到的是通过扬声器重放出来的声音。电影的不同场面，在声学环境上有时差别很大，譬如可以表现一个大教堂内的特殊声学效果(其混响时间可达 8s)或在露天雪地的声音沉寂的空间。电影院内的观众应能清晰地听到影片某一特定场景的录音效果，而不应受到观众厅内声学环境的影响。根据这一特点，电影院内应具有较短的混响时间。但混响时间也不宜过短，混响时间过短，一方面会使观众厅内声音过于“沉寂”，应取建议值；另一方面，由于室内吸声量较大，声音很快衰减，为了提高后座的响度，需加大扬声器输出功率，但同时会使前座观众感到声音过分响，因此对于一些有可能产生回声、长延时反射、声聚焦的界面，应做适当的声学处理。

为了提高厅堂的利用率，许多观众厅设计成既可以演出，又可以开会或放电影的多功能厅堂，常被称为影剧院或礼堂。多功能厅堂的音质设计一般多采用折中的方法，即在体形上争取前次反射声的均匀分布，适当安排扩散处理，以满足自然声演出的需要。同时又设置电声系统，满足会议、讲演以及小音量演出(独唱、独奏、部分戏剧)的需要。混响时间取音乐厅与语言用大厅的中间值，或者以主要功能为主选择最佳混响时间，次要功能则采用电声系统配合实现。

第三节　公共空间中的光环境

在大型公共建筑中，光不仅是为满足人们视觉功能的需要，而且是一个重要的美学因素。光可以形成空间、改变空间或者破坏空间，光直接影响到人对物体大小、形状、质地和色彩的感知。所以，不仅要充分考虑照明的功能要求，还要重视整个室内空间的艺术气氛。公共场所的照明是给人创造舒适的视觉环境，以及具有良好照度的工作环境，并配合室内的艺术设计起到美化空间的作用。

一、光环境中照明的基本概念

1. 照度

人眼对不同波长的电磁波，在相同的辐射量时，有不同的明暗感觉。人眼的这个视觉特性称为视觉度，并以光通量作为基准单位来衡量。光通量的单位为流明(lm)，光源发光效率的单位为流明/瓦特(lm/W)。光源在某一方向单位立体角内所发出的光通量称为光源在该方向的发光强度，单位为坎德拉(cd)。被光照的某一面上其单位面积内所接收的光通量称为照度，其单位为勒克斯(lx)。不同地方的平均照度见表 5-1。

表 5-1　不同地方的平均照度

平均照度 /(lx)	场　所
1000 ～ 1500	制图室、设计室
500 ～ 800	高级主管人员办公室、会议室、一般办公室
300	大厅、地下室、茶水室、盥洗室
200	走道、储藏室、停车场

注：平均照度 = 流明 × 利用系数 × 维护系数 / 面积

①利用系数。

照明设计必须要求有准确的利用系数，否则会有很大偏差。影响利用系数的因素包括灯具的配光曲线、灯具的光输出比例 、室内的反射系数 (天花板，壁，工作桌面)、灯具排列。

②维护系数。

照明设计要考虑到灯具使用一年后的平均照度是否能维持标准，所以要考虑维护系数。影响维护系数的因素包括日光灯管的衰竭值、日光灯管及灯具黏附灰尘、P6 板老化或格栅铝片氧化等。

照明质量是衡量照明设计好坏的主要指标，评定照明质量的优劣需要综合考虑各方面因素，如图 5-23 所示。

图 5-23　评价照明质量的 6 大指标

2. 光色

光色主要取决于光源的色温，并影响室内的气氛。色温低，感觉温暖；色温高，感觉凉爽。一般色温 ≤ 3300K 为暖色，3300K ＜ 色温 ＜ 5300K 为中间色，色温 ≥ 5300K 为冷色。光源的色温应与照度相适应，即随着照度的增加，色温也应相应提高。否则，在低色温、高照度下，会使人感到酷热；而在高色温，低照度下，会使人感到阴森的气氛。设计者应联系光、目的物和空间彼此关系，判断其相互影响。光的强度能影响人对色彩的感觉，如红色的帘幕在强光下更鲜明 (见图 5-24)，而弱光将使蓝色和绿色更突出 (见图 5-25)。设计者应有意识地去利用不同色光的灯具，调整使之创造出所希望的照明效果。如点光源的白炽灯与中间色的高亮度荧光灯相配合。

图 5-24　舞台使用红色幕布

图 5-25　绿色幕布的使用

3. 亮度

亮度作为一种主观的评价和感觉，和照度的概念不同，亮度是表示由被照面的单位面积所反射出来的光通量，也称为发光亮，因此与被照面的反射率有关。例如在同样的照度下，白纸看起来比黑纸要亮。有许多因素影响亮度的评价，诸如照度、表面特性、视觉、背景、注视的持续时间，甚至包括人眼的特性等。

4. 显色性

当我们讲到物体是红色的，实际上是物体吸收了照在物体上面的白色光，反射了其光谱中红色的部分。最终分析得知，所吸收光的波长和反射能量的强度事实上依赖于被照表面的化学组成。例如，我们都知道光滑闪亮的表面，无论什么颜色，都比同一颜色无光泽的表面反射更多的光。

如果光源的颜色发生变化，那么反射的颜色也会变化。最普通的例子是夜间道路照明用的钠灯，其中的黄光使物体形状清晰可辨，却减小了物体颜色的表现范围，于是一个蓝色的物体看起来是黑色的，或白色的物体变成黄色。

颜色显色性这种现象对于照明设计师是极其重要的。不同的物体表面有其自身的色值（物体吸收或反射的颜色光谱范围）。物体也有反射系数值（即无论什么颜色，物体反射的光量）。用绿色的光泽涂料粉刷的墙面色值已知，反射系数很高；同样的墙面刷成无光泽的反射系数就低很多。因此对设计师而言最重要的变量是光色和反射系数。

人工光源的光色显色指数 Ra 最大值为 100，80 以上显色性优良；50 ~ 79 显色性一般；50 以下显色性差。不同人工光源的光色显色指数见表 5-2。

表 5-2　不同人工光源的光色显色指数

人工光源	光色显色指数（Ra）
白炽灯	97
卤钨灯	95 ~ 99
白色荧光灯	55 ~ 85
日光灯	75 ~ 94
高压汞灯	20 ~ 30
高压钠灯	20 ~ 25
氙灯	90 ~ 94

二、光源的类型

1. 自然光源

白天，自然光的来源是日光；夜间则以反射月亮光的方式获得自然光，还有星光作补充（见图 5-26）。白天的自然光源由直射地面的阳光和天空光组成。太阳连续发出的辐射能量相当于约 6000K 色温的黑色辐射体，但太阳的能量到达地球表面，经过化学元素、水分、尘埃微粒的吸收和扩散，被大气层扩散后的太阳能产生天空光，天空光才是作为有效的日光光源，天空光和大气层外的直接的阳光是不同的。当太阳高度角较低时，由于太阳光在大气中通过的路程长，太阳光谱分布中的短波成分减少更为显著，在朝、暮时，天空呈红色。当大气中的水蒸气和尘雾多，混浊度较大时，天空亮度高而呈白色。

图 5-26　日光

2. 人工光源

依据光源发光的导电方式，人工光源的灯具主要有白炽灯、荧光灯、高压放电灯、LED 灯等。一般公共建筑物所用的主要人工光源的灯具是白炽灯和荧光灯。每一种光源都有优点和缺点，但和早先的火光和烛光相比较，显然是一个很大的进步。

白炽灯的构造原理是由两金属支架之间的一根灯丝，在气体或真空中发热而发光。在白炽灯光源中发生的变化是增加玻璃罩、漫射罩，以及反射板、透镜和滤光镜等。白炽灯的优点为：光源小、便宜；具有种类极多的灯罩形式，并配有轻便灯架、顶棚和墙上的安装用具和隐蔽装置；通用性大，彩色品种多；具有定向、散射、漫射等多种形式；能用于加强物体立体感；光色最接近于太阳光色。白炽灯的缺点为：其暖色和带黄色光，有时不一定受欢迎。日本最近还设计并制成能吸波长为 570 ~ 590mm 黄色光的玻璃壳白炽灯，使光色比一般的白炽灯白得多；对所需电的总量说来，发出的较低的光通量，产生的热为 80%，光仅为 20%；寿命相对较短。

新型节能冷光灯泡，在灯泡玻璃壳面镀有一层银膜，银膜上面又镀一层二氧化钛膜，这两层膜结合在一起，可以把红外线反射回去加热钨丝，而只让可见光透过，因而大大提高光效。使用这种 100W 的节能冷光灯，相当于只耗用 40W 普通白炽灯的电能。

卤钨灯体积小、寿命长。色彩涂层也运用于卤钨灯。卤钨灯的光线中都含有紫外线和红外线，因此受到卤钨灯长期照射的物体都会褪色或变质。最近日本开发了一种可以把红外线阻隔、将紫外线吸收的单端定向卤钨灯，这种灯有一个分光镜，在可见光的前方，将红外线反射阻隔，使物品不受热伤害而变质。

荧光灯是一种低压放电灯，灯管内有荧光粉涂层，能把紫外线转变为可见光，有冷白色、暖白色、月白色和增强光等。荧光灯能产生均匀的散射光，发光效率为白炽灯的 1000 倍，寿命为白炽灯的 10 ~ 15 倍，因此荧光灯不仅节约电，而且节省更换费用。

氖管灯（霓虹灯）多用于商业标志和艺术照明，近年来也用于其他一些建筑（见图 5-27）。形成霓虹灯的色彩变化是由管内的荧粉层和充满管内的各种混合气体，并非所有的管都采用氖蒸气，氩蒸气和汞蒸气也都可用。霓虹灯和所有放电灯一样，必须有镇流器能控制的电压。霓虹灯相当费电，但较为耐用。

图 5-27　霓虹灯的应用

LED 已被全球公认为新一代的环保型高科技光源（见图 5-28、图 5-29）。LED 照明是由超导发光晶体产生超高强度的灯光，LED 发出的热量很少，不像白炽灯那样浪费太多热量，不像荧光灯那样因消耗高能量而产生有毒气体，也不像霓虹灯那样要求高电压而容易损坏。LED 具有高光效能，比传统霓虹灯节省电能 80 % 以上，工作安全可靠。LED 改变了白炽灯钨丝发光与节能灯三基色粉发光的原理，而采用电场发光。LED 光源具有寿命长、光效高、无辐射与低功耗等特点，LED 的光谱几乎全部集中于可见光频段，其发光效率可达 80 % ~ 90 %。不同类型的光源，具有不同色光和显色性能，对室内的气氛和物体的色彩产生不同的效果和影响，应按不同需要选择。

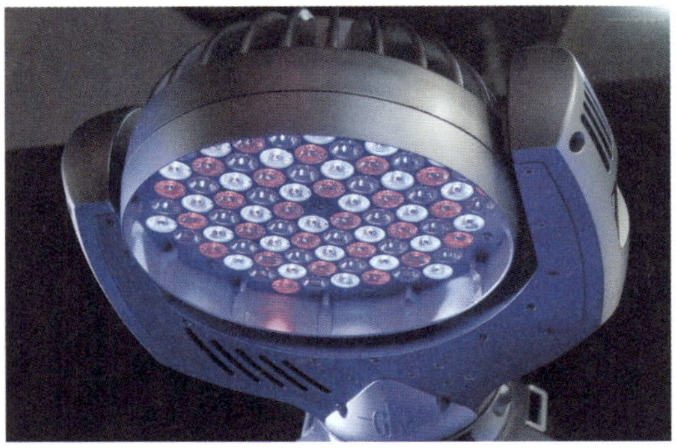

图 5-28　LED 灯的应用（一）

图 5-29　LED 灯的应用（二）

小贴士

空间光环境设计的采光方式如下。

1. 天然采光

天然光的采光设计，就是利用日光的直射、反射和透射等性质，通过各种采光口设计，给人以良好的视觉和舒适的光环境。大多数室内环境都是利用光的透射特性，使天然光透过窗玻璃照亮室内空间的，因此窗玻璃就成了滤光器。人们利用各种玻璃的特性，又在室内造成不同感受的采光效果，无色的白玻璃给人以真实感，磨砂白玻璃使人产生朦胧感，玻璃砖给人以安定感，彩色玻璃给人以变幻神秘感。各种折射、反射的镜面玻璃又会给人们带来丰富多彩的感觉。阳光透过半圆形天窗，在走廊尽端上形成一道弧形光影，构成一幅美丽的图画。太阳光谱具有固定的光色，而人工照明却具有冷光、暖光、弱光、强光、各种混合光的效果，可以根据环境意境而选用。

2. 人工照明

人工照明设计就是利用各种人造光源的特性，通过灯具造型设计和分布设计，造成特定的人工光环境。由于光源的革新、装饰材料的进步，人工照明已不只是满足室内一般照明、工作照明的需要，而进一步向环境照明、艺术照明发展。人工照明在大型公共建筑室内环境中，已成为不可缺少的环境设计要素。利用灯光指示方向，利用灯光造景，利用灯光营造空间氛围等，都是人工照明工作的体现。

三、照明方式

在光环境中如果对光源不加处理，既不能充分发挥光源的效能，也不能满足室内照明环境的需要，有时还能引起眩光的危害。直射光、反射光、漫射光和透射光，在室内照明中具有不同用处。在一个空间内如果有过多的明亮点，不但互相干扰，而且造成能源的浪费。如果漫射光过多，也会由于缺乏对比而造成室内气氛平淡，甚至因其不能加强物体的空间体量而影响人对空间的错误判断。因此，利用不同材料的光学特性，利用材料的透明、不透明、半透明以及不同表面质地制成各种各样的照明设备和照明装置，重新分配照度和亮度，根据不同的需要来改变光的发射方向和性能，是室内照明应该研究的主要问题。例如利用光亮的镀银的反射罩作为定向照明，或用于雕塑、绘画等聚光灯；利用经过酸蚀刻或喷砂处理成的毛玻璃或塑料灯罩，使光源形成漫射光来增加室内柔和的光线等。照明方式按灯具的散光方式分为以下几种。

1. 间接照明

由于将光源遮蔽而产生间接照明，把90％～100％的光射向顶棚、穹窿或其他表面，从这些表面再反射至其他空间（见图5-30）。若间接照明紧靠顶棚，几乎可以造成无阴影，是最理想的整体照明。从顶棚和墙面上端反射下来的间接光，会造成天棚升高的错觉，但单独使用间接光，则会使室内平淡无趣。上射照明是间接照明的另一种形式（见图5-31），筒形的上射灯可以用于多种场合，如在沙发的两端、沙发底部和植物背后等处。上射照明还能

图5-30　间接照明

图 5-31　上射照明

对准一个雕塑或植物，在墙上或天棚上形成有趣的影子。

2. 半间接照明

半间接照明将 60 % ~ 90 % 的光向天棚或墙面上部照射，把天棚作为主要的反射光源，而将 10 % ~ 40 % 的光直接照于工作面。从天棚来的反射光，趋向于软化阴影和改善亮度比，由于光线直接向下，照明装置的亮度和天棚亮度接近相等。

3. 直接间接照明

直接间接照明装置，对地面和天棚提供近于相同的照度，即均为 40 % ~ 60 %。这是一种同时具有内部和外部反射灯泡的装置，如某些台灯和落地灯能产生直接间接光和漫射光（见图 5-32）。

4. 漫射照明

漫射照明装置，对所有方向的照明几乎都一样。为了控制眩光，漫射装置圈要大，灯的瓦数要低。

5. 半直接照明

在半直接照明灯具装置中，有 60 % ~ 90 % 光向下直射到工作面上，而其余 10 % ~ 40 % 光则向上照射，由下射照明软化阴影的光的百分比很少。

6. 宽光束的直接照明

宽光束的直接照明具有强烈的明暗对比，并可以造成有趣生动的阴影。由于其光线直射于目的物，若不用反射灯泡，要产生强烈的眩光。鹅颈灯和导轨式照明属于这一类。

图 5-32　直接间接照明

7. 高集光束的下射直接照明

高集光束的下射直接照明因高度集中的光束而形成光焦点，可以用于突出光的效果和强调重点的作用，这类照明可以提供在墙上或其他垂直面上充足的照度，但应防止过高的亮度比。

四、常用空间环境照明设计

在公共空间环境照明设计中，一般使用以下几种灯具。

(1) 吊灯。将灯具进行艺术处理，使之具有各种形式，满足人们对美的要求（见图 5-33）。最常见的是吊灯，选择吊灯时，应注意不同层高的房间的差别。空间高度较大的厅堂适合吊灯，若房间空间较矮，常采用吸顶灯或暗灯。

图 5-33　吊灯

(2) 暗藏灯和吸顶灯(见图 5-34、图 5-35)。将灯具放在顶棚里称为暗藏灯，灯具紧贴在顶棚上称吸顶灯。顶棚上做一些线脚和装饰处理，与灯具相互组合，可以形成装饰性很强的照明环境。灯和建筑物天棚的装修相互结合，可以形成和谐美观的统一体。由于暗藏灯的开口位于天棚里，所以天棚较暗。而吸顶灯突出于天棚，有部分光射向天棚，就增加了天棚的亮度，降低灯与天棚的亮度差，有利于调整房间的亮度比。

图 5-34　暗藏灯

图 5-35　吸顶灯

(3) 壁灯。壁灯是安装在墙上的灯，用来提高部分墙面亮度，主要以本身的亮度和灯具附近表面的亮度，在墙上形成亮斑，以打破大片墙的单调气氛(见图 5-36)。壁灯常用在一大片平坦的墙面上或镜子的两侧，用多个简单而风格统一的灯具排列成有规律的图形。灯具本身装饰较为简洁，但由于采用几何图案的布置方式，并与建筑物有机结合，可以取得良好的装饰效果。壁灯强调了几何图形的韵律，获得整体的装饰效果。这种布置安装方便，光线直接射出，光通量损失少。

图 5-36　壁灯

小贴士

空间大面积照明艺术处理是将光源隐蔽在建筑构件之中，并和建筑构件或家具合成一体的一种照明方式。这种照明形式可分为两大类：一类是透光的发光顶棚(见图 5-37)、光梁、光带等；另一类是反光的光檐、反光假梁等。其共同特点是，发光体不再是分散的点光源，而是发光带或发光面，可以在室内获得较高的照度；光线扩散性极好，照度均匀，光线柔和，阴影浅淡；消除了直接眩光，大大减弱了反射眩光。具体的处理手法有发光天棚、光梁和光带、格片式发光天棚、反光照明设施。

图 5-37　发光顶棚

第四节　公共空间中的热环境

与公共空间相关的热环境是室内的**供暖、送冷、通风**的标准和质量。公共空间应创造适合人体需要的健康的室内热环境。

一、供暖与送冷

冬季供暖首先考虑室外的热环境，根据个人、衣着、职业的特点，参照有效温度线图，确定室内恰当的舒适温度，根据国家相关采暖规范确定供暖标准。室内供暖温度不宜太高，否则从室内到室外会感到更加寒冷。

高大空间的室内温度分层现象非常严重，室内温度变化幅度是相当大的。在供暖时，送风温差宜小，且应送到工作区，有条件时与辐射供暖结合。采取这些措施后，空调负荷可以减少 30％ ~ 40％。采用诱导方式（诱导封口的诱导比为 4 ~ 5 倍），可以使上下温度分布均匀。对大空间空调来说，最重要的是气流的控制。由于冬季空气干燥，容易使流感病毒繁衍，故供暖时应考虑一定的湿度，以利健康。

夏季送冷，不要使室内温度过低，过量的冷气会使人感到不舒服。一般室内外温差控制在 5℃以内，最多也不应超过 7℃。其次应注意气流问题，空调的出风口或室内冷气设备的出风口应避免直接对着人体。

二、通风与换气

通风与换气的方法有自然通风和机械通风（或空气调节）两种。自然通风即加强对流，保持室内空气的洁净度达到最低标准的水平，这类通风称为健康通风，这是任何气候条件下都应予以保证的。自然通风可以增加人的体内散热及防止由人的皮肤潮湿引起的不舒适以改善热舒适条件，一般应尽可能采用自然通风。

自然通风的实现，首先应在建筑规划、总平面布置、建筑形体和朝向时做好设计，其次是做好建筑物门窗洞口的位置和大小的设计。

当自然通风不能达到人们的要求时，可采用机械通风或空气调节来解决。

第五节　公共空间中的质地环境

公共空间界面的材料质地及其肌理（也称纹理）与线、形、色等空间要素一样传达信息。材料的质地显得格外重要。材料的质感在视觉和触觉上同时反映出来，因此，在空间质感环境设计中应充分利用人的感觉特性。

1. 粗糙与光滑

表面粗糙的材料有许多，如石材、未加工的原木、粗砖、磨砂玻璃、长毛织物等(见图5-38)。光滑的如玻璃、抛光金属、釉面陶瓷、丝绸、有机玻璃等(见图5-39)。同样是粗糙面，不同的材料有不同的质感，如粗糙的石材照壁和羊毛地毯，其质感完全不一样，一硬一软，一重一轻，后者比前者有更好的触感；光滑的金属镜面和光滑的丝绸装饰，在质感上也有很大的区别，前者坚硬，后者柔软。

图5-38　墙体

图5-39　玻璃

2. 软与硬

许多纤维织物，都具有柔软的触感。如纯羊毛织物摸上去都是柔软的感觉(见图5-40)。棉麻为植物纤维，这类织物都耐用和柔软，常作为轻型的蒙面材料(见图5-41)。玻璃纤维织物从纯净的细亚麻布到重型织物有许多品种，这类织物易于保养，能防火，价格低，但其触感生硬。硬的材料如砖石、金属、玻璃，耐用耐磨，不变形，线条挺拔。硬材多数有很好的光洁度、光泽。晶莹明亮的硬材，使空间具有生气，但从触感上说，人们一般喜欢光滑柔软，而不喜欢坚硬冰冷。

图5-40　地毯

3. 冷与暖

质感的冷暖表现在身体的触觉、座面、扶手、躺卧之处，都要求柔软和温暖。金属、玻璃、大理石都是很高级的室内装修材料。由于色彩的不同，在视觉上其冷暖感也不一样。如红色花岗石、大理石触感冷，视觉感受还是暖的。而白色羊毛触感是暖的，视感却是冷的。

图5-41　窗帘

4. 光泽与透明度

许多经过加工的材料具有很好的光泽，如抛光金属、玻璃、磨光花岗石、大理石、瓷砖等。它们通过镜面般光滑表面的反射，使空间感扩大；同时映出光怪陆离的色彩，丰富、活跃室内的气氛。具有很好光泽的材料表面易于清洁，减少保养成本，用于门厅地面、卫生间等部位是十分适宜的(见图 5-42)。

透明度也是材料的一大特色。常见的透明、半透明材料有玻璃、亚克力、软膜等。利用透明材料可以增加空间的广度和深度。在空间感上，透明是开敞的，不透明材料是封闭的；在物理性质上，透明材料具有轻盈感，不透明材料具有厚重感和私密感。例如在家具布置中，利用玻璃面茶几使较狭小的空间感觉宽敞一些(见图 5-43)。半透明材料隐约可见背后的模糊景象，有一定的朦胧感，可能具有更大的魅力。

5. 弹性

人们走在草地上要比走在混凝土路面上舒适，坐在有弹性的沙发上比坐在硬面椅上要舒服。弹性材料因其弹性的反作用，达到力的平衡，从而感到省力。弹性材料有泡沫塑料、泡沫橡胶、竹、藤，木材也有一定的弹性。弹性材料主要用于地面、床和座面，给人以特别的感觉。

6. 肌理

材料的肌理或纹理，有均匀无线条的、水平的、垂直的、斜纹的、交错的、曲折的等自然纹理(见图 5-44)。天然的色泽肌理比刷油漆更好。大理石可以作为室内公共空间的装饰品。肌理组织十分明显的材料，在拼装时应特别注意其相互关系，以及其线条在空间内所起的作用，以便达

图 5-42　地面铺设

图 5-43　玻璃茶几

图 5-44　大理石墙面装饰

到统一和谐的效果。材料肌理纹样过多或过分突出时也会造成视觉上的混乱。

此外，同样的材料在不同的光照下，其效果也有很大区别。因此，我们在设计时，一定要结合材料的质感效果、不同质地和在光照下的不同色彩效果。不同光照位置，对材料质地是有影响的。如雕塑产生阴影而加强其立体感效果。在背光时，物体由于处于较暗的阴影下面，则能加强其轮廓线成为剪影，其质地相对处于模糊和不明显的地位。对光滑坚硬的材料，如金属镜面、磨光花岗石、大理石、水磨石等，应注意其反映周围环境的镜面效应，避免其对视觉产生不利的影响。如在电梯厅内，应避免采用有光泽的地面，因光亮表面反映的虚像，会使人对地面高度产生错觉。黑色材料表面不像光亮的表面那么显著。强光加强材料的质地，漫射光软化材料的质地，有一定角度反射的强光，易创造激动人心的质感，从头顶上的直射光，使质地的细部缩至最小。

第六节　案例分析

下面对一个办公空间进行分析。该办公空间将大门与前台距离的这段墙面做成了植物墙，让空间充满生机并净化空气。前台与休闲吧台做了镶嵌、连接，形成了空间关系的有趣衔接和动线的引导，吧台后部参差不齐的装饰柜遮掩了消防管路和柱子，也提供了一定的储物空间和陈列展示空间，走廊的吊顶使用了黑色的长条形的格栅，与走廊尽头的卫生间门使用了同样的色调，产生视觉延伸感。

办公桌的桌面使用免漆涂装板成品，防火耐磨，玫瑰金色的不锈钢百叶屏风通过对折板方式的设计来增加单板牢固程度，使百叶不易变形，而且从过道一侧无法看到会议室内部。会议室兼具了会客、会议、影音、休息多种功能，并不是严格意义上的会议室。隐藏的储物间可以存放桌椅、弱电柜等，会议桌也设计了储物空间，会客室与办公区是开放性的。

二楼转角处有一个空间死角，将它设计成一个独特的陈列台。双向楼梯的设计带来了方便，一边是茶室，一边是办公室。茶室由于房屋构造的缘故成了一个相对独立的空间，仿佛悬在半空，也恰好成为私密谈话、会客的好地方，原木色的实木家具与空白的空间产生自然的共鸣。(见图5-45 ~图5-56)。

图5-45　办公空间(一)

图 5-46　办公空间（二）

图 5-47　办公空间（三）

图 5-48　办公空间（四）

图 5-49　办公空间（五）

图 5-50　办公空间（六）

图 5-51　办公空间（七）

图 5-52　办公空间（八）

图 5-53　办公空间（九）

图 5-54　办公空间（十）

图 5-55　办公空间（十一）

图 5-56　办公空间（十二）

本 / 章 / 小 / 结

本章讲述了公共空间中的色彩、声环境、光环境、热环境及质地环境设计。在实际应用中，要注意公共空间的设计是围绕建筑既定的空间形式，以人为中心，依据人的社会功能需求、审美需求，设立空间主题创意并运用现代手段进行再度创造，赋予空间个性、灵性，并通过视觉艺术传达方式表达出来的物化的创作活动。

思考与练习

1. 公共空间色彩设计应注意哪些问题?

2. 公共空间的色彩对人有怎样的影响？

3. 噪声是怎样产生的? 在生活中如何对噪声进行控制?

4. 说说常见的供暖、送冷的方式有哪些?

5. 联系实际，简述公共空间设计中的质地环境。

第六章

公共空间设计的内容和程序

学习难度：★★☆☆☆

重点概念：界面设计　小品设计　思维　设计实施

章节导读

公共空间的设计是有目的、有计划、按照一定的次序展开工作的，整个设计进程相互交错，循环反复。公共空间的界面处理和陈设、小品等设施的设置是公共空间设计的重要内容（见图 6-1）。设计师在明确设计目标的前提下，通过科学的设计程序，对公共空间进行设计，达到满足何种公共空间的使用要求。

图 6-1 雕塑小品

第一节 公共空间界面处理

界面的构造设计要素是影响空间造型和风格特点的重要因素，一定要结合空间特点，从环境的整体要求出发，创造美观、气氛宜人、富有特色的内部环境。

一、顶界面设计

顶界面即空间的顶部。在楼板下面直接用喷、涂等方法进行装饰的称平顶。在楼板之下另作吊顶的称吊顶或顶棚。平顶和吊顶又统称为天花。顶界面是三种界面中面积较大的界面，且几乎毫无遮挡地暴露在人们的视线之内，故能极大地影响环境的使用功能与视觉效果。顶界面设计必须从环境性质出发，综合各种要求，强化空间特色。

(1) 顶界面设计要考虑空间功能的要求，特别是照明和声学方面的要求，这在剧场、电影院、音乐厅、美术院、博物馆等建筑物中是十分重要的（见图 6-2、图 6-3）。以音乐厅等观演建筑物为例，顶界面要充分满足声学方面的要求，保证所有座位都有良好的音质和足够的强度。正因为如此，许多音乐厅都在屋盖上悬挂各式可以变换角度的反射板，或同时悬挂一些可以调节高度的扬声器。为了满足照明要求，剧场、舞厅有完善的专业照明和豪华的顶饰，以便让观众在开演之前及幕间休息时欣赏。电影院的顶界面可以相对简洁，造型处理和照明灯具应将观众的注意力集中到银幕上。

图 6-2　电影院

图 6-3　博物馆

(2) 顶界面设计要注意体现建筑技术与建筑艺术统一的原则，顶界面的梁架不一定都用吊顶封起来，如果组织得好，并稍加修饰，可以节省空间和投资，同样能够取得良好的艺术效果。

(3) 顶界面上的灯具、通风口、扬声器和自动喷淋等设施也应纳入设计的范围。要特别注意配置好灯具，因为灯具既可以影响空间的体量感和比例关系，又可以使空间具有或者豪华、或者朴实、或者平和、或者活跃的气氛。

公共空间顶界面的构造方法很多，常见的形式有直接式顶棚和吊顶。

直接式顶棚一般多做在钢筋混凝土楼板之下（见图 6-4、图 6-5），表层可以抹灰、喷涂、油漆或裱糊。完成这种平顶的基本步骤是先用碱水清洗表面油腻，再刷素水泥砂浆，然后做中间抹灰层。表面按设计要求刷涂料、刷油漆或裱壁纸，最后，做平顶与墙面相交的阴角和挂镜线。若用板材饰面，为不占较多的高度，可以用射钉或膨胀螺栓将木搁栅直接固定在楼板的下表面，再将饰面板（胶合板、金属薄板或镜面玻璃等）用螺钉、木压条或金属压条固定在搁栅上。如果采用轻钢搁栅，也可以将饰面板直接搁置在搁栅上。

图 6-4　直接式顶棚（一）

图 6-5　直接式顶棚（二）

吊顶由吊筋、龙骨和面板三部分组成。吊筋通常由圆钢制作，其直径不小于 6mm。以轻钢龙骨吊顶为例，轻钢龙骨由薄壁镀锌钢带制成，有 38、56、60 三个系列，可以分别用于不同的荷载。铝合金龙骨按轻型、中型、重型划分系列。用于吊顶的板材有纸面石膏板、矿棉板、铝合金板和塑料板等多种类型，有时，也使用木板、竹子和各式各样的玻璃（见图 6-6、图 6-7）。

图 6-6　吊顶（一）

图 6-7　吊顶（二）

图 6-8　开敞式空间

图 6-9　封闭式空间

二、侧界面要素设计

侧界面也称为垂直界面，分为开敞界面和封闭界面。前者是指立柱、幕墙、有大量门窗洞口的墙体和各种各样的隔断，以此围合的空间，常形成开敞式空间（见图 6-8）。后者，主要是指实墙，以实墙围合的空间，常形成封闭式空间（见图 6-9）。侧界面的面积较大，距人较近，又常有壁画、雕刻、挂毡、挂画等壁饰。因此侧界面装饰设计除了应遵循界面设计的一般原则外，还应在造型、选材等方面进行推敲，全面考虑使用要求和艺术要求，充分体现设计的意图。

从使用上看，侧界面保护墙体免受机械碰撞，避免墙体遭受风吹、日晒、雨淋以及腐蚀性气体和微生物作用的侵蚀，从而提高其耐久性。侧界面结合饰面做保温隔热处理，可以提高墙体的保温隔热能力，也可以通过选用白色或浅色饰面材料反射太阳光，减少热辐射，从而节约能源，调节室内温度。侧界面采用吸声材料，可以有效控制混响时间，改善音质。增大饰面材料的面密度或增加吸声材料，可以不同程度地提高墙体的隔声性能。

侧界面是家具、陈设和各种壁饰的背景，应注意发挥其衬托作用（见图 6-10）。若有大型壁画、浮雕或挂毡，设计师应注意其与侧界面的协调，保证总体格调的统一（见图 6-11）。

应注意侧界面的虚实程度，有时可能是完全封闭的，有时可能是半隔半透的，有时则可能是全开放的。设计时应注意空间之间的关系以及内部空间与外部空间的

图 6-10　界面装饰（一）

图 6-11　界面装饰（二）

关系，做到该隔则隔，该透则透，尤其应注意吸纳室外的景色。设计时还应充分利用材料的质感，通过质感营造空间的氛围。抛光平整光滑的石材质地坚固、凝重；纹理清晰的木质、竹质材料给人以亲切、柔和、温暖的感觉；带有斧痕的假石有力、粗犷豪放；反射性较强的金属质地不仅坚硬牢固、张力强、冷漠，而且美观、新颖、高贵，具有强烈的时代感；纺织纤维品如毛麻、丝绒、锦缎与皮革给人以柔软、舒适、豪华、典型之感；清水勾缝砖墙面使人想起浓浓的乡土情；大面积的灰砂粉刷面平易近人，整体感强；玻璃界面使人产生一种洁净、明亮和通透之感。侧界面往往是有色或有图案的，其自身的分格及凹凸变化也有图案的性质。这类图案或冷或暖，或水平或垂直，或倾斜或流动，无不影响空间的特性。

小贴士

侧界面的常见风格有三大类：中国传统风格；西方古典风格；常见的现代风格。中国传统风格的侧界面，大多借用传统的文脉符号，并多用一些表达吉祥的图案（如：如意、龙、凤、福、寿等图案），表达祝福、喜庆之意。西方古典风格的侧界面，大多模仿古希腊、古罗马的元素符号，并喜用雕塑做装饰，其间常常出现一些古典柱式、拱券等形象。有些古典风格的侧界面则着力模仿巴洛克、洛可可的装饰风格。现代风格的侧界面大多简约，不刻意追求某个时代的某种样式，更多的是通过色彩、材质、虚实的搭配，表现界面的形式美。

三、底界面要素设计

底界面设计一般是指楼地面的设计。楼地面的装饰设计应考虑使用上的要求，普通楼地面应有足够的耐磨性和耐水性，并应便于清扫和维护。经常有人停留的空间（如办公室）的楼地面应有一定的弹性和较小的传热性。对某些有较高的声学要求楼地面来说，为减少空气传声，应严堵孔洞和缝隙，为减少固体传声，应加做隔声层等。

楼地面面积较大，其图案、质地、色彩可能给人留下深刻的印象，甚至影响整个空间的氛围。为此，必须慎重选择和调配。选择楼地面的图案应充分考虑空间的功能和性质，在没有多少家具或家具只布置在周边的大厅可以采用中心比较突出的图案，并与顶棚造型和灯具相对应，以显示空间的华贵和庄重（见图 6-12）。而像过厅这样的交通空间可能需要一定的导向性，可以用连续性图案发挥提示的作用（见图 6-13）。在室内空间设计中，设计师为追求一种朴实、自然的情调，可在内部空间设计一些类似街道、广场、庭园的地面，其材料往往为大理石碎片、卵石、广场砖及石板。

楼地面的种类很多，有水泥地面、水磨石地面、瓷砖地面、陶瓷锦砖地面、石地面、木地面、橡胶地面、玻璃地面和地毯等。

图 6-12　底界面（一）

图 6-13　底界面（二）

第二节　基础设施设计

一、陈设小品设计

陈设小品可分为以下几类。

1. 艺术品

(1) 美术作品。它包括绘画、书法、摄影、雕塑等艺术作品，其形式独特，色彩丰富，往往包含着深厚的文化底蕴（见图 6-14）。

(2) 工艺美术品。工艺美术品种类繁多，内容丰富，如工艺制品、竹编、草编、牙雕、木雕、玉雕、贝雕、剪纸、布艺、香包、陶瓷工艺品等（见图 6-15）。

图 6-14　书法

图 6-15　陈设小品

2. 纪念品、收藏品

纪念品包括奖杯、证书、奖章、赠品、世代相传的宝物等（见图 6-16）。收藏品包括古玩、邮票、花鸟标本、狩猎器具、民间器物等。这些陈设品既能表现文化修养，丰富知识，又能陶冶情操。

3. 织物陈设品

织物陈设品既有实用性，又有很强的装饰性。一般面积较大，对室内环境的风格、气氛及人的生理、心理感受的影响都很大。因此在选择织物时，其色彩、图案、质感、样式、尺度等都应根据室内空间的整体情况综合考虑。

4. 帷幔窗帘类

这主要包括窗帘、门窗、帷幔等，具有分隔空间、遮挡视线、调节光线、防尘、隔声和装饰空间等作用（见图 6-17）。

图 6-16　奖杯

图 6-17　帷幔

5. 绿化小品

绿化在现代公共空间设计中具有不能代替的特殊作用。绿化小品在视觉上成为空间分隔的方式，室内绿化能吸附粉尘和改善环境质量，更为重要的是，室内的绿化能带来自然气息，令人赏心悦目，起到柔化室内人工环境、协调人们心理平衡的作用。

二、设施、设备

公共空间的设施、设备主要包括水、电、消防、暖通空调等。水又分为建筑给水和消防给水两种。建筑给水经常与管材、附件及卫生洁具等相关，配件如三通、内丝与外丝接头、直角弯管、钢管、水表等。消防给水的设施主要有水枪、水龙头、水龙带、消火栓、消防管道、消防水箱、水泵结合器等。

电设施主要分为强电设施与弱电设施，强电主要是照明用电与加工用电，设备主要有配电箱、电表、开关箱、开关、插座及各种电气设备，如电视机、电冰箱、烤火器、空调等。弱电设施主要有电话、网线、门铃等。

暖气管道在北方地区应用较多，因为北方天气寒冷，人们用它来取暖。因其卫生环保，是非常好的供暖设施。在公共空间设计的电气设施中主要有照明电器设施、交通电气设施及空调设备等，交通电气设施有电梯等。

三、导向、标示设计

当人们进入一个新的空间环境，就需要导向、标示来引导。在导向、标示的设计中大体分为两大类：视觉导向和空间构成导向。

(1) 视觉导向。

视觉导向又分为文字导向、标示(见图 6-18)，影视导向、标示，如电子显示屏通过所显示的动态的表示内容来引导人们的行为活动。

图 6-18　视觉导向

(2) 空间构成导向。

空间构成导向的基础是流线设计，通过对空间进行合理的规划，利用墙体装饰物进行分隔，形成流线，指引路线(见图 6-19)。

图 6-19　空间构成导向

第三节　公共空间设计的程序

一、公共空间设计流程

1. 设计准备阶段

设计准备阶段的主要任务是进行设计调查，全面掌握各种相关数据，为正式设计做准备。

(1) 了解委托方意向。

对于委托方的意向要了解清楚，在设计时才不会走弯路，了解是多方面的，主要包括以下几点。

①充分了解用户的工作性质。不同的单位，由于业务性质不同，对公共空间会有不同的使用要求，如房产公司需要较好的展示与洽谈大厅，银行需要豪华的门面、气派的大厅和牢固安全的营业柜台，贸易或技术服务的公司，常常把客户接待室和业务室看得同样重要。不同单位还会有不同的资料存储方式和工作方式(见图 6-20、图 6-21)。对于这些情况，应做好详细的记录，以缩小理解与实际要求的距离。

图 6-20　配合公司性质的条状线条

图 6-21　办公楼内部

②了解委托方预计投资和项目完成期限。任何设计项目都受到资金投入的制约，设计应根据资金的情况准确定位。在知道委托方的预计投入后，设计者可根据装修的档次和大概来设想，从而缩小双方理解和想象的差距。

③了解委托方的审美倾向。设计最终是为委托者服务的，所以与委托方交谈的过程，即是了解其审美情趣的过程，也是因势利导，发挥设计者想象力和说服力、影响和提高委托方审美的过程。

(2) 了解机构职能。

公共空间整体规划和功能空间布局的依据就是设计者了解公共空间使用方的机构整体运作方式和实现其职能的过程，了解机构内部各部门的组织结构、具体功能、分工及配合关系。

(3) 施工场地勘测。

设计者应亲临现场进行勘测，了解地理、建筑环境和各个空间的形态和衔接关系(见图 6-22 ~ 图 6-24)。建筑图与实际工地的实物在尺寸方面会有差距，了解这些是设计的先决条件，另外，还应仔细考察建筑的结构，考虑将来装修结构的固定和连接方式。

(4) 制定设计计划。

经过委托方沟通取得共识后，可接受任务委托书，签订合同，制定设计进度安排，确定收费标准和方法等内容。

图 6-22　建筑施工

图 6-23　施工现场

图 6-24　室内结构

2. 方案设计阶段

方案设计师在设计准备阶段的基础上进行的，进一步收集、分析、运用与设计人物有关的资料与信息，构思立意，进行方案设计。经过实地测研和与委托方交谈后，设计者掌握了基本情况。在签署设计施工合同或委托书后，就可以考虑方案了。

(1) 分析资料。

①项目分析。在进行设计之前，一定要明确设计任务的要求，对设计项目深入分析不仅会使设计取得成功，而且达到事半功倍的效果。对项目进行分析，首先要明确该设计项目的使用性质、功能特点、设计规模、等级标准、拟投入的资金情况等，其次确定采用何种室内环境氛围或艺术风格等。

②调查研究。设计项目的分析与调查研究的关系密不可分，调查研究可以从以下几个方面入手：设计现场实地考察，明确现场地理方位、交通状况以及建筑结构状况；材料市场情况调查，明确拟选用材料的可行程度，以及种类与价格；实地考察同类室内空间的使用情况，增强感性认识；查阅相关资料，寻找设计依据与灵感。

(2) 确定初步方案。

方案设计过程是一种依靠科学和理性的分析来发现问题，进而提出、解决问题的艺术创造过程。从设计者的思考角度分析，这一过程的思维方法注意以下几点：一是从大处着眼、小处着手，二是先从里到外，再从外到里，三是意在笔先或笔意同步。一套方案图应该包括以下几个方面。

①平面图，常用比例为1:50，1:100。

②立面图，常用比例为1:20，1:50。

③顶面图，常用比例为1:50，1:100。

④室内透视效果图。

⑤材料样板图和简要的设计说明。

方案图要能正确传递设计概念，因此，平、立面图除了要求要绘制准确，符合国家制图规范外，还要表现包括家具和陈设在内的所有内容，精致的图纸甚至可以表现材质和色彩，透视图则要借助各种表现手法，能够真实地再现室内空间的实际景况。

3. 编制装饰概算

概算是建筑单位和施工企业招标、投标和评标的依据，公共装饰工程应采用“定额量、市场价、竞争费率、一次包定方式”来编织装饰工程的概算。

①定额量。指按设计图纸和概算定额有关的规定确定的主要材料使用量、人工工日。

②机械费。指按定额的费用所测定的系数并计算调整后得到的费用。

③市场价。材料价格、工资单位均按市场价计算，黏结层及辅料部分价值自行调整。

④总造价。由定额量、市场价确定工程直接费，并由此计算企业经营费、利润、税金等，汇总计算出工程的总价格。

4. 方案的修订与确定

委托方会对初步方案进行一审或者二审。在这一阶段，设计者要善于跟甲方进行沟通。初步方案经过修改调整后会逐渐成熟，为后期深入设计做准备。

5. 施工图设计

施工图设计要标准规范，图纸是施

工的唯一科学依据。施工图一般包括平面图（进行整体规划、陈设物布局）、顶面图、立面图、节点详图、大样详图等（见图 6-25 ~ 图 6-28）。

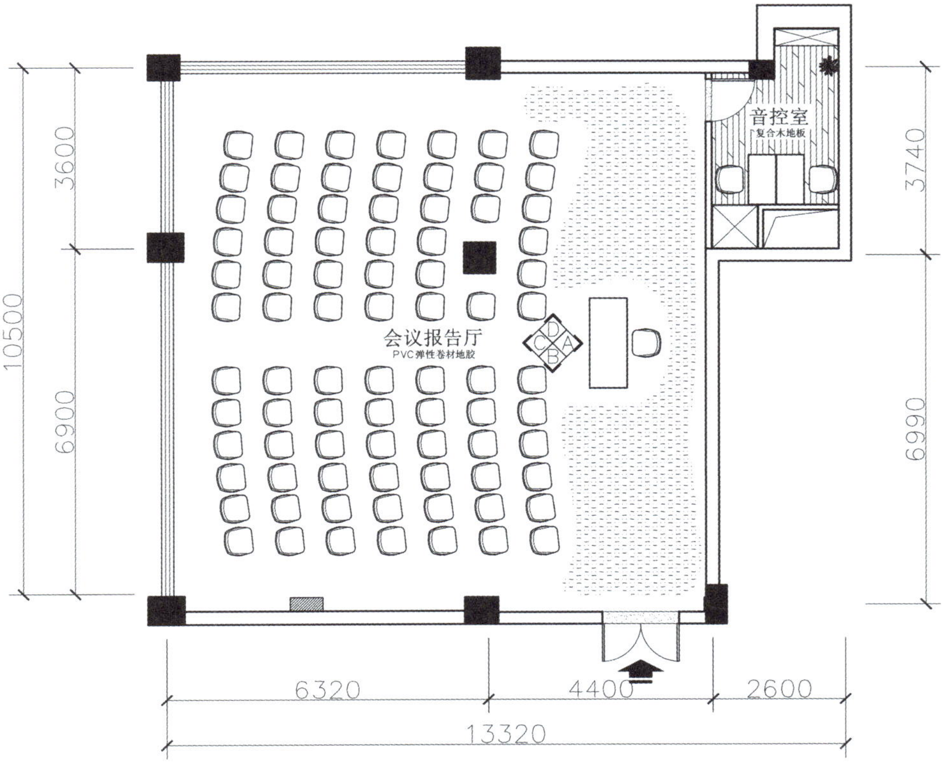

图 6-25　某会议厅平面图

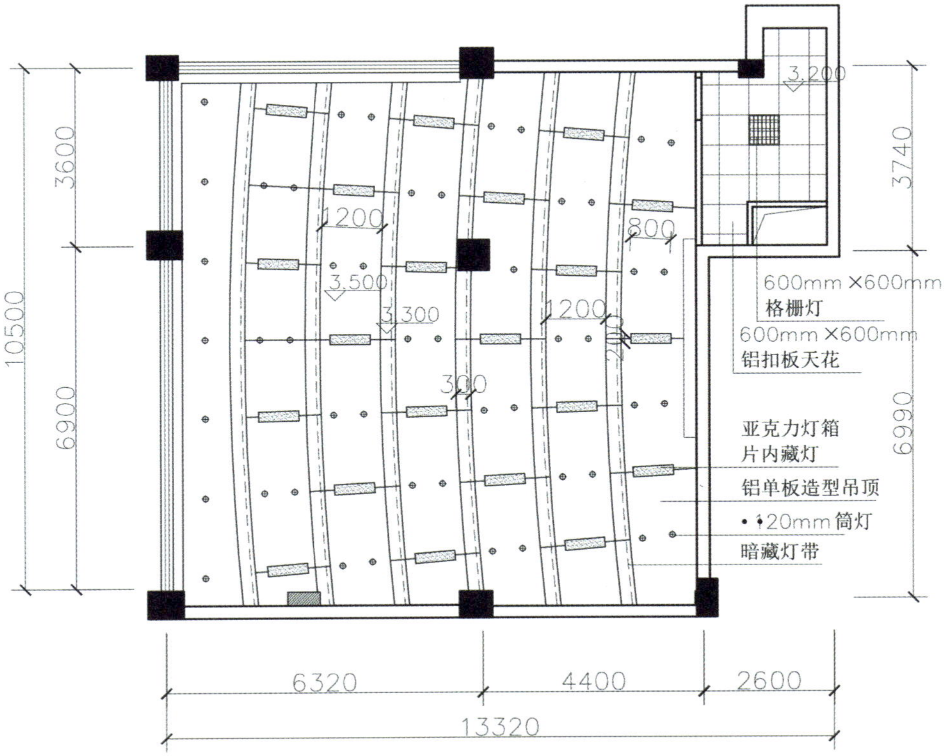

图 6-26　某会议厅顶面图

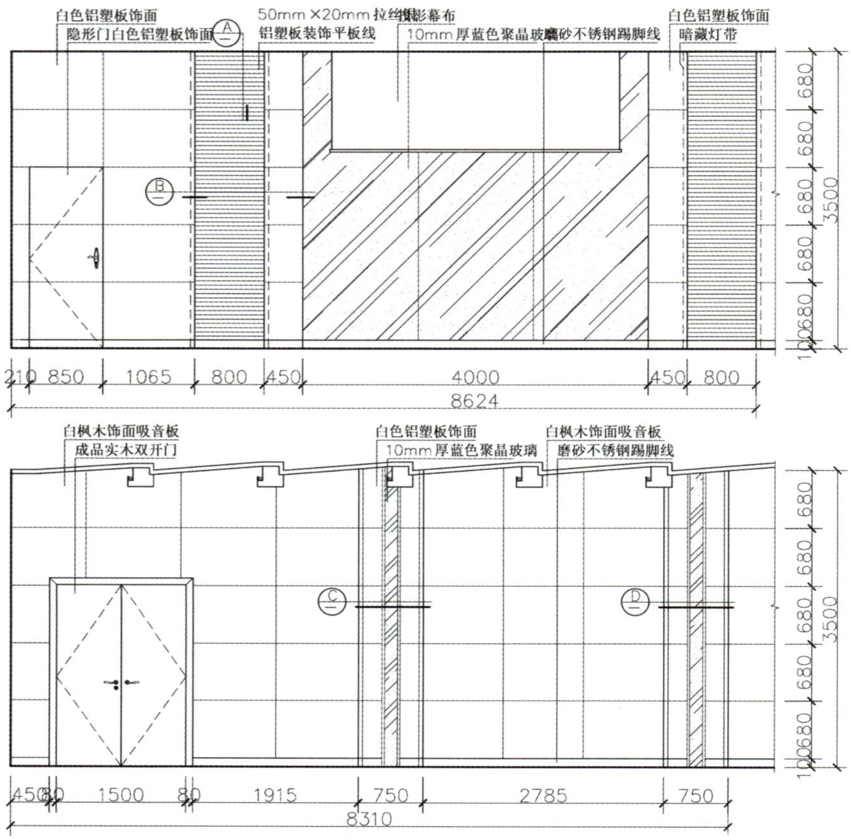

图 6-27　某会议厅立面图

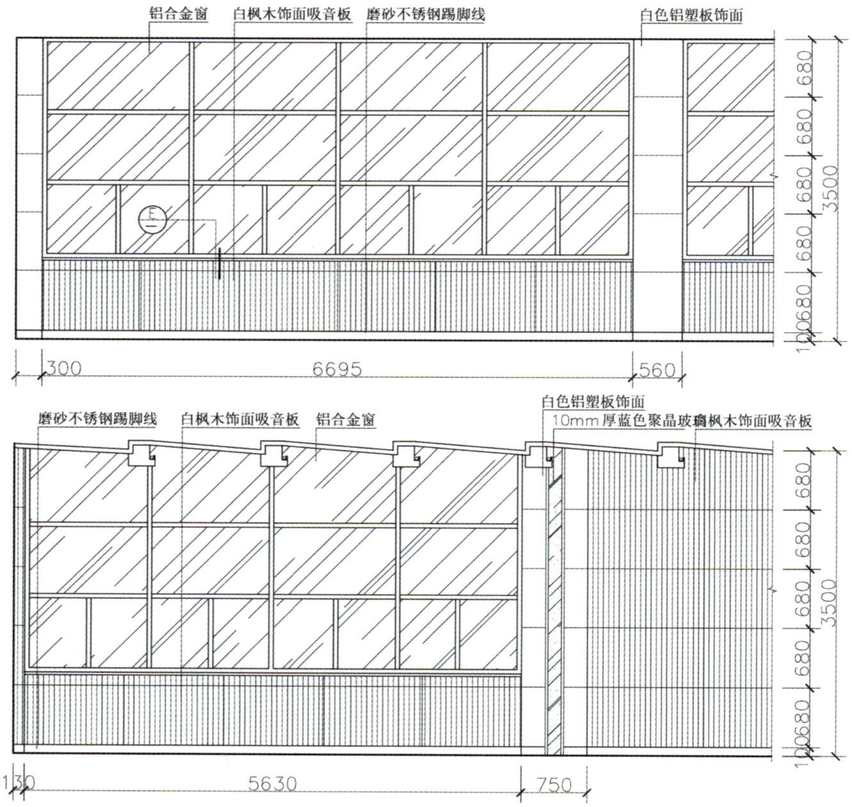

图 6-28　某会议厅立面图

与方案图不同的是，施工图的平面图、立面图、顶面图主要表现地面、墙面、顶棚的构造样式、材料分解与搭配比例。顶面图要标注灯具、供暖通风、消防烟感喷淋、音响设备等各类管口的位置，施工图完成后即可进入工程的施工。工程施工期间，有时还需要根据现场实况对施工图纸做局部修改或者补充。

6. 编制施工图预算

施工图设计阶段应编制施工图预算，其造价应控制在批准的初步设计概算造价之内。如造价过高，应分析原因并采取措施加以调整或上报审批。施工图预算是建筑单位和施工企业签订承包合同、拨付工程款和工程结算的依据，也是施工企业编织计划、实行经济核算和考核经营成果的依据（见图 6-29、图 6-30）。

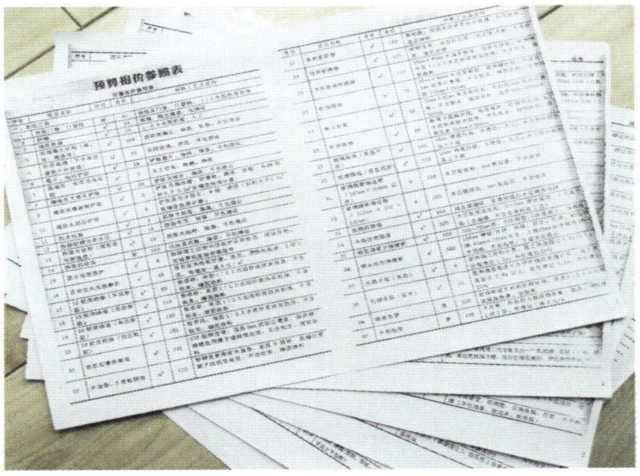

图 6-29　预算报价参照表

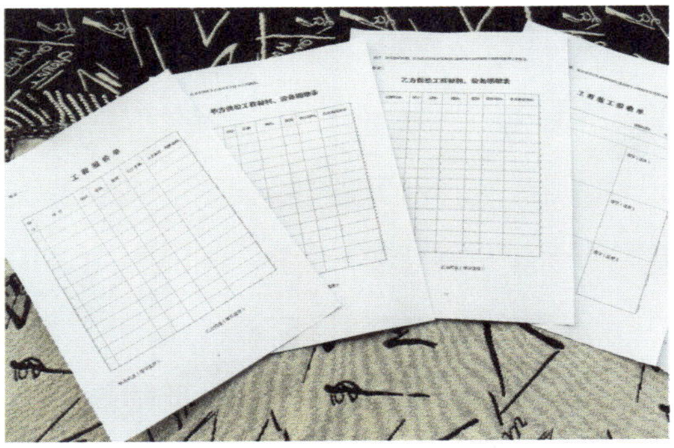

图 6-30　各种附件材料

施工图预算一般由设计单位编制。根据施工图设计、预算定额规定的项目划分、计量单位及工程量计量单位规则，分步、分项地计算工程量，并按有关价格、收费标准等进行编制。预算编制步骤如下。

①准备材料，熟悉施工图纸。

②计算工程量。

③确定基础定额，计算人工、材料、机械数量。

④根据当时、当地的人工、材料、机械单价，计算并汇总人工费、材料费、机械使用费及直接费总值，得出单位工程直接费。

⑤计算其他直接费、现场经费、间接费、利润和税金，并计划进行汇总，得出单位工程造价。

⑥复核。

⑦编写说明。

二、设计要点

1. 手绘是基础

所谓：“工欲善其事，必先利其器。”在公共空间设计中，有了绘图基础才能将大脑中的创意完美地表达出来。**手绘是快速勾勒创意的方法**（见图 6-31、图 6-32），而其他制图软件则是更精确而又真实的效果表达方式，无论使用什么利器，最终目的都是为了使方案更加完美。现今设计师在进行设计时，所采用的手段是多种多样的，电脑软件的快捷性、直观性、科学性使计算机辅助设计受到了大多数设计师的青睐。设计师们不断享受科学技术为行业所带来的优势，同时，诸多现象也表明设计师自身能力在渐渐弱化。今天，

图 6-31　手绘（一）

图 6-32　手绘（二）

手绘在装修设计中对设计师提升专业能力和修养显得十分重要。

2. 视觉笔记

视觉笔记是与文字记录相对应的图形记录。它的内容以记录视觉信息为主，在某种程度上这些内容很难用文字来描述。记录视觉笔记要求设计师具有独立的观察力、好奇心、持之以恒的毅力。随时随地记录与装修设计视觉相关内容，才能够提高视觉敏锐性和表述性，提高专业视觉修养。视觉笔记不仅仅是记录所见所闻，还是对偶发灵感的记录。这与照相机的相片记录有很大差别。著名建筑设计师勒·柯布西耶曾经说过：“照相机阻碍了观察。”因为照片是对所见物的静态记录，而视觉笔记则是对事物的能动性观察。它可以从不同的角度来表现物体，甚至通过移动、旋转视角来表达所不能见到的东西。因此，视觉记录可以为我们提供信息符号的载体，信息之间相互激发又能产生新的联想与想象。每一次记录视觉体验都可以提高一个人的观察力，长时间的积累就形成了有价值的信息资料。设计师也在这长期的记录过程中提升了视觉修养，而视觉修养就包含了视觉敏锐性和视觉表达性，这也是很多设计师所缺失的能力。

小贴士

思维方式有如下几种。

1. 头脑风暴法。头脑风暴法是世界上最早付诸实施的集体思维法。提倡运用人的智慧去冲击问题，要求与会者自由奔放，打破一切常规和框框，随意地进行畅谈，发表意见，使他们互相启发，引起联想，产生较好的设想和方案。

2. 关联法。关联法由怀汀 (Whiting) 于 1958 年所创，是指对事物对象、特征以及联想等概念、语意组成的相互联系的链进行组合以获得更多新构想的方法。

3. 替代法。替代法就是将现有产品进行要素分解，通过比较和分析，把主要的要素提取出来进行替代方案的思考与联想，从而形成新思路、新产品。

3. 设计草图

设计草图是设计师在设计过程中，通过瞬时记录、方案推敲来绘制的“不正规”设计图稿。设计师通过线条图形来直观表现设计师内心意图和理念，同时也为客户与项目实施者提供信息交流、传递设计构思的符号载体，它是创意设计的体现。设计草图具有自由、快速、概括、简练等特点，设计师能抛开许多细节和绘图工具的束缚，迅速捕捉到思维“闪光点”，将灵感记录下来，并快速进行细节及可行性推敲、完善与设计比对。设计草图可对环境空间进行周全的记录。在最初的构思阶段，设计师可以将各个区域结构、功能分区等设计稿一张张记录下来，然后对这些草图进行理顺、分析、对比，最后综合起来形成完整的设计草案。从头至尾每个细节都是用草图来推敲完成，方案一经确定后就可以来制作施工图，设计草图能对整个设计意图的发展有全方位的把握。

设计草图是设计者的图形语言。它用图像这种直观的形式表达设计者的意图及理念，是用以反映、交流、传递设计构思的符号载体，有自由、快速、概括、简练的特点。

设计草图阶段需要从事以下工作：收集与设计问题相关的各种资料和信息（如场地要求、风俗习惯等）；分析这些资料和信息，以获得对设计问题的了解（如关系、层次、需要等）；提出解决问题的办法（如文字叙述、方案草图等）。

4. **模型制作**

设计者应能在真实空间的条件下，针对不同的产品设计、建筑设计、环境设计以及相应的设计模型，展开分析，研究它们的结构、功能、形态等各方面要素，选择合适的制作材料和相应的加工工艺，用适当的方式制作出适合的仿真模型，最佳地表达其设计意图。

模型的作用包括：①说明性，以三维的形体来表现设计意图与形态，是模型的基本功能；②启发性，在模型制作过程中以真实的形态、尺寸和比例来达到推敲设计和启发新构想的目的，成为设计人员不断改进设计的有力依据；③可触性，以合理的人机工程学参数为基础，探求感官的回馈、反应，进而求取合理化的形态；④表现性，以具体的三维的实体、详实的尺寸和比例、真实的色彩和材质，从视觉、触觉上充分满足形体的形态表达、反映形体与环境关系的作用，使人感受到真实性，从而更好地沟通设计者与消费者彼此之间对空间意义的理解。

制作模型是为了让消费者直观地了解房间内部的空间环境、所处位置、间隔、门窗与装修情况而设计制作的一种模型形式。因此，空间模型的表现，应从建筑物内部把握空间，根据空间的使用功能和特定环境，运用物质材料与艺术手法，适应人们的生理、心理要求，精心组织模型制作。

第四节 案例分析

下面对一家餐厅进行分析。该餐厅以深色为主要背景色，主要是米黄色的仿木纹地砖，墙面一部分是深色木地板上墙，起到弱化墙面的作用。突出散座区的黑色六边形地砖，深色的矩管的大量应用，也有工业风格的时尚感。临街边大面积的通透玻璃，可以看见店内灯光和用餐情况。顶面融入了中式坡顶元素，经过现代解构，增加 100 个金色玻璃灯，既时尚又有文化韵味。灯具选用时尚感的灯具，家具突出色彩，点缀空间。挂画是业主自己根据兴趣选择了一些东南亚风格的画作，营造精致、温馨、时尚的氛围。通过钢结构搭建夹层，解决了厨房和营业面积过小的问题，营造了一个中庭区域，夹层上增加了两个突出到中庭的包间，采用冰纹玻璃隔断的方式，若隐若现（见图 6-33 ~ 图 6-41）。

图 6-33　餐厅（一）

图 6-34　餐厅（二）

图 6-35　餐厅（三）

图 6-36　餐厅（四）

图 6-37　餐厅（五）

图 6-38　餐厅（六）

图 6-39　餐厅（七）

图 6-40　餐厅（八）

本／章／小／结

本章介绍了公共空间设计的界面处理、基础设施设计及设计过程的程序，并通过实际案例对此进行了描述。作为设计师，在设计过程中，要求在保证满足使用的合理性、科学性和综合管理的标准性等条件下，尽可能地满足现代人的审美需求和文化取向。设计师水平的高低、施工水平的优劣及设计者专业素养、文化底蕴、表现手法和现场调控能力的高低等因素，都对空间功能文化的表现具有决定性意义。

思考与练习

1. 顶界面的设计要考虑什么因素？

2. 侧界面设计有哪些类型？

3. 公共空间设计中导向表示的设计有哪些类型？

4. 结合本书内容，简述如何把握公共空间设计的流程。

5. 自己制作一个公共空间的模型，并在同学之间进行交流学习。

参考文献

References

[1] 杨清平 . 公共空间设计 [M]. 2 版 . 北京 ：北京大学出版社，2012.

[2] 孙皓 . 公共空间设计 . 武汉：武汉大学出版，2011.

[3] 董君 . 公共空间室内设计 [M]. 北京：中国林业出版社，2011.

[4] 林钰源，汪晓曙 . 公共空间设计 [M]. 广州：岭南美术出版社，2008.

[5] 莫钧，杨清平 . 公共空间设计 [M]. 长沙 ：湖南大学出版社，2009.

[6] 刘洪波，文建平 . 公共空间设计 [M]. 长沙 ：湖南大学出版社，2013.

[7] 莫钧 . 公共空间设计与实践 [M]. 武汉 ：武汉大学出版社，2016.

[8] 孟彤 . 城市公共空间设计 [M]. 武汉 ：华中科技大学出版社，2012.

[9] 杨婷婷 . 公共空间设计 [M]. 北京 ：北京理工大学出版社，2009.

[10] 柳建华，颖勤芳 . 建筑公共空间景观设计 [M]. 北京：水利水电出版社，2010.